Biblioteca del Hogar Cristiano

1

El Camino a Cristo

13 Pasos para llegar a Jesús

Edición original

Elena G. de White

Copyright ©2023

LS Company

ISBN: 978-1-0882-0684-3

Contenido

Prólogo **5**

Capítulo 1—El amor de Dios por el Hombre 7

Capítulo 2—La necesidad del pecador de Cristo 14

Capítulo 3—El Arrepentimiento 19

Capítulo 4—La Confesión 33

Capítulo 5—Consagración 38

Capítulo 6—Fe y Aceptación 44

Capítulo 7—La Prueba del Discipulado 50

Capítulo 8—Crecer en Cristo 58

Capítulo 9—La Obra y la Vida 66

Capítulo 10—Conocimiento de Dios 73

Capítulo 11 - El Privilegio de la Oración 80

Capítulo 12—Qué hacer con la Duda 92

Capítulo 13—Regocijo en el Señor 100

Prólogo

Pocos libros alcanzan una difusión contada por millones o ejercen una influencia tan grande en la elevación de la humanidad como lo ha hecho El Camino a Cristo. En innumerables ediciones, este pequeño volumen se ha impreso en más de setenta idiomas, llevando inspiración a cientos de miles de hombres y mujeres de todo el mundo, incluso a los que habitan en los rincones más remotos de la tierra. Desde la aparición de la primera edición en 1892, los editores se han visto obligados a añadir impresión tras impresión para satisfacer la demanda inmediata y sostenida del público lector.

La autora de esta obra, Elena G. de White (1827-1915), fue una oradora y escritora religiosa, muy conocida en tres continentes. Nacida cerca de Portland, Maine, pasó sus primeros años de vida en los Estados de Nueva Inglaterra, y luego sus viajes y trabajos la llevaron a las zonas centrales y occidentales de los Estados Unidos, en rápida expansión. De 1885 a 1887 se dedicó a trabajar en los principales países de Europa, donde a menudo se dirigió a grandes audiencias, y continuó escribiendo. Posteriormente pasó nueve años en Australia y Nueva Zelanda. De su pluma han salido cuarenta y cinco volúmenes, grandes y pequeños, en los campos de la teología, la educación, la salud, el hogar y el cristianismo práctico, varios de ellos con una distribución superior al millón de ejemplares. De ellos, El camino a Cristo es el más popular y leído.

El título del libro indica su misión. Señala al lector a Jesucristo como el único capaz de satisfacer las necesidades del alma. Dirige los pies del que duda y se detiene hacia el camino de la paz. Conduce al buscador de la rectitud y la integridad de carácter, paso a paso, por el camino de la vida cristiana, hasta esa experiencia en la que puede conocer la plenitud de la bendición que se encuentra en la completa entrega de sí mismo. Le revela el secreto de la victoria al desplegar con sencillez la gracia salvadora y el poder guardador del gran Amigo de toda la humanidad.

Esta edición supone un paso adelante en la normalización de la paginación del libro en las próximas impresiones en lengua inglesa. Sin cambios en el texto, pero con un formato, ortografía y uso de mayúsculas acordes con los tiempos, este pequeño compendio de devoción continuará su misión, pero ahora en tal forma, independientemente del tamaño del tipo o de la página, para ajustarse al nuevo Índice de los escritos de Ellen G. White.

Jacob de antaño, cuando estaba oprimido por el temor de que su pecado lo había apartado de Dios, se acostó a descansar, y "soñó, y he aquí una escalera que estaba apoyada en la tierra, y su extremo superior llegaba hasta el cielo". La conexión entre la tierra y el cielo le fue así revelada, y palabras de consuelo y esperanza le fueron dichas al vagabundo por Aquel que estaba en lo alto de la sombría escalera. El deseo sincero de los editores es que la visión celestial se repita a muchos cuando lean esta historia del camino de la vida.

Los Fideicomisarios de las Publicaciones de Ellen G. White

Capítulo 1—El Amor de Dios por el Hombre

Tanto la naturaleza como la revelación dan testimonio del amor de Dios. Nuestro Padre celestial es la fuente de vida, de sabiduría y de alegría. Observa las cosas maravillosas y bellas de la naturaleza. Piensa en su maravillosa adaptación a las necesidades y a la felicidad, no sólo del hombre, sino de todas las criaturas vivientes. El sol y la lluvia, que alegran y refrescan la tierra, las colinas y los mares y las llanuras, todo nos habla del amor del Creador. Es Dios quien suple las necesidades diarias de todas sus criaturas. En las hermosas palabras del salmista

"Los ojos de todos esperan en Ti;

Y les das su comida a su debido tiempo.

Tú abres tu mano,

Y sacias el deseo de todo ser viviente".

Salmo 145:15, 16.

Dios hizo al hombre perfectamente santo y feliz; y la hermosa tierra, tal como salió de la mano del Creador, no llevaba el tizón de la decadencia ni la sombra de la maldición. Es la transgresión de la ley de Dios -la ley del amor- lo que ha traído el infortunio y la muerte. Sin embargo, incluso en medio del sufrimiento que resulta del pecado, se revela el amor de Dios. Está escrito que Dios maldijo la tierra por causa del hombre. Génesis 3:17. La espina y el cardo -las dificultades y pruebas que hacen de su vida una de trabajo y cuidado- fueron designados para su bien como parte del entrenamiento necesario en el plan de Dios para levantarlo de la ruina y degradación que el pecado ha producido. El mundo, aunque caído, no es todo tristeza y miseria. En la naturaleza misma hay mensajes de esperanza y consuelo. Hay flores en los cardos, y las espinas están cubiertas de rosas.

"Dios es amor" está escrito en cada capullo que se abre, en cada espina de hierba primaveral. Los hermosos pájaros que hacen cantar el aire con sus alegres cantos, las flores delicadamente teñidas en su perfección perfumando el aire, los altos árboles del bosque con su rico follaje de verde vivo, todo da testimonio del tierno y paternal cuidado de nuestro Dios y de Su deseo de hacer felices a Sus hijos.

La palabra de Dios revela Su carácter. Él mismo ha declarado Su infinito amor y piedad. Cuando Moisés oró: "Muéstrame tu gloria", el Señor respondió: "Haré pasar delante de ti toda mi bondad". Éxodo 33:18, 19. Esta es Su gloria. El Señor pasó delante de Moisés y proclamó: "El Señor, el Señor Dios, misericordioso y clemente, paciente y abundante en bondad y verdad, que guarda misericordia a millares, que perdona la iniquidad, la rebelión y el pecado". Éxodo 34:6, 7. Es "tardo para la ira y grande en misericordia", "porque se deleita en misericordia". Jonás 4:2; Miqueas 7:18.

Dios ha unido nuestros corazones a Él por medio de innumerables señales en el cielo y en la tierra. A través de las cosas de la naturaleza, y de los más profundos y tiernos lazos terrenales que los corazones humanos pueden conocer, Él ha tratado de revelarse a nosotros. Sin embargo, esto sólo representa imperfectamente su amor. Aunque se han dado todas estas evidencias, el enemigo del bien cegó la mente de los hombres, de modo que miraron a Dios con temor; pensaron en Él como severo e implacable. Satanás indujo a los hombres a concebir a Dios como un ser cuyo principal atributo es la severa justicia, un juez severo, un acreedor duro y exigente. Imaginó al Creador como un ser que vigila con ojo celoso para discernir los errores y equivocaciones de los hombres, a fin de imponerles sus juicios. Fue para eliminar esta oscura sombra, revelando al mundo el infinito amor de Dios, que Jesús vino a vivir entre los hombres.

El Hijo de Dios vino del cielo para manifestar al Padre. "A Dios nadie le ha visto jamás; el Hijo unigénito, que está en el seno del Padre, Él le ha manifestado". Juan 1:18. "Nadie conoce al Padre, sino el Hijo, y aquel a quien el Hijo lo quiera revelar". Mateo 11:27. Cuando uno de los discípulos hizo la petición: "Muéstranos al Padre", Jesús respondió: "¿Tanto tiempo he estado con vosotros, y no me has conocido, Felipe? El que me ha visto a mí, ha visto al Padre; ¿cómo, pues, dices tú: Muéstranos al Padre?". Juan 14:8, 9.

Al describir Su misión terrenal, Jesús dijo: El Señor "me ha ungido para anunciar el Evangelio a los pobres; me ha enviado a sanar a los quebrantados de corazón, a pregonar libertad a los cautivos y vista a los ciegos, a poner en libertad a los oprimidos". Lucas 4:18. Esta fue Su obra. Anduvo haciendo el bien y sanando a todos los oprimidos por Satanás. Había aldeas enteras donde no había un gemido de enfermedad en ninguna casa, porque Él había pasado por ellas y sanado a todos sus enfermos. Su obra evidenciaba su unción divina. El amor, la misericordia y la compasión se revelaron en cada acto de su vida; su corazón se compadeció tiernamente de los hijos de los hombres. Tomó la naturaleza del hombre, para poder alcanzar sus necesidades. Los más pobres y humildes no temían acercarse a Él. Incluso los niños pequeños se sentían atraídos por Él. Les encantaba subirse a sus rodillas y contemplar su rostro pensativo, benigno de amor.

Jesús no suprimió ni una sola palabra de verdad, sino que la pronunció siempre con amor. Ejercía el mayor tacto y la atención más considerada y amable en sus relaciones con la gente. Nunca fue grosero, nunca dijo innecesariamente una palabra severa, nunca causó dolor innecesario a un alma sensible. No censuraba la debilidad humana. Decía la verdad, pero siempre con amor. Denunció la hipocresía, la incredulidad y la iniquidad; pero había lágrimas en Su voz cuando pronunciaba Sus mordaces reprimendas. Lloraba por Jerusalén, la ciudad que amaba, que se negaba a recibirle a Él, el camino, la verdad y la vida. Le habían rechazado a Él, el Salvador, pero Él les miraba con ternura compasiva. Su vida fue una vida de abnegación y preocupación por los demás. Cada alma era preciosa a sus ojos. Aunque siempre se comportó con dignidad divina, se inclinó con la más tierna consideración hacia cada miembro de la familia de Dios. En todos los hombres veía almas caídas que tenía la misión de salvar.

Tal es el carácter de Cristo revelado en su vida. Tal es el carácter de Dios. Del corazón del Padre brotan las corrientes de la compasión divina, manifestadas en Cristo, hacia los hijos de los hombres. Jesús, el Salvador tierno y compasivo, fue Dios "manifestado en carne". 1 Timoteo 3:16.

Jesús vivió, sufrió y murió para redimirnos. Se hizo "Varón de dolores", para que nosotros fuésemos hechos partícipes del gozo eterno. Dios permitió que su Hijo amado, lleno de gracia y verdad, viniera de un mundo de gloria indescriptible a un mundo manchado y arruinado por el pecado, oscurecido por la sombra de la muerte y la maldición. Le permitió abandonar el seno de su amor, la adoración de los ángeles, para sufrir la vergüenza, el insulto, la humillación, el odio y la muerte. "El castigo de nuestra paz fue sobre Él; y por Sus llagas fuimos nosotros curados". Isaías 53:5. Contempladle en el desierto, en Getsemaní, en la cruz. El inmaculado Hijo de Dios tomó sobre sí la carga del pecado. Él, que había sido uno con Dios, sintió en su alma la terrible separación que el pecado hace entre Dios y el hombre. Esto arrancó de Sus labios el grito angustiado: "Dios mío, Dios mío, ¿por qué me has desamparado?". Mateo 27:46. Fue la carga del pecado, el sentido de su terrible enormidad, de su separación del alma de Dios: fue esto lo que quebrantó el corazón del Hijo de Dios.

Pero este gran sacrificio no se hizo para crear en el corazón del Padre un amor por el hombre, no para que estuviera dispuesto a salvar. No, ¡no! "Tanto amó Dios al mundo, que dio a su Hijo unigénito". Juan 3:16. El Padre nos ama, no a causa de la gran propiciación, sino que proveyó la propiciación porque nos ama. Cristo fue el medio a través del cual pudo derramar Su infinito amor sobre un mundo caído. "Dios estaba en Cristo reconciliando consigo al mundo". 2 Corintios 5:19. Dios sufrió con su Hijo. En la agonía de Getsemaní, en la muerte del Calvario, el corazón del Amor Infinito pagó el precio de nuestra redención.

Jesús dijo: "Por eso me ama mi Padre, porque yo pongo mi vida, para volverla a tomar". Juan 10:17. Es decir, "Mi Padre te ha amado tanto que incluso Me ama más a Mí por dar Mi vida para redimirte". Al convertirme en vuestro Sustituto y Fianza, al entregar Mi vida, al tomar vuestras responsabilidades, vuestras transgresiones, me hago querer por Mi Padre; porque por Mi sacrificio, Dios puede ser justo, y a la vez el Justificador del que cree en Jesús."

Nadie sino el Hijo de Dios podía realizar nuestra redención; pues sólo Aquel que estaba en el seno del Padre podía declararlo. Sólo Él, que conocía la altura y la profundidad del amor de Dios, podía manifestarlo. Nada menos que el sacrificio infinito realizado por Cristo en favor del hombre caído podía expresar el amor del Padre a la humanidad perdida.

"Tanto amó Dios al mundo, que dio a su Hijo unigénito". Lo dio no sólo para vivir entre los hombres, cargar con sus pecados y morir su sacrificio. Lo entregó a la raza caída. Cristo debía identificarse con los intereses y las necesidades de la humanidad. Aquel que era uno con Dios se ha unido a los hijos de los hombres por lazos que nunca se romperán. Jesús "no se avergüenza de llamarlos hermanos" (Hebreos 2:11); Él es nuestro Sacrificio, nuestro Abogado, nuestro Hermano, llevando nuestra forma humana ante el trono del Padre, y a través de las edades eternas uno con la raza que Él ha redimido: el Hijo del hombre. Y todo esto para que el hombre pueda ser elevado de la ruina y la degradación del pecado, para que pueda reflejar el amor de Dios y compartir la alegría de la santidad.

El precio pagado por nuestra redención, el sacrificio infinito de nuestro Padre celestial al dar a su Hijo para morir por nosotros, debería darnos conceptos exaltados de lo que podemos llegar a ser por medio de Cristo. Cuando el inspirado apóstol Juan contempló la altura, la profundidad y la amplitud del amor del Padre hacia la raza que perecía, se llenó de adoración y reverencia; y, al no encontrar un lenguaje adecuado para expresar la grandeza y la ternura de este amor, exhortó al mundo a contemplarlo. "Mirad cuál amor nos ha dado el Padre, para que seamos llamados hijos de Dios". 1 Juan 3:1. ¡Qué valor da esto al hombre! Por la transgresión, los hijos del hombre se convierten en súbditos de Satanás. Por la fe en el sacrificio expiatorio de Cristo, los hijos de Adán pueden llegar a ser hijos de Dios. Al asumir la naturaleza humana, Cristo eleva a la humanidad. Los hombres caídos son colocados donde, a través de la conexión con Cristo, pueden realmente llegar a ser dignos del nombre de "hijos de Dios".

Semejante amor no tiene parangón. ¡Hijos del Rey celestial! ¡Preciosa promesa! ¡Tema para la meditación más profunda! El incomparable amor de Dios por un mundo que no le amaba. El pensamiento tiene un poder subyugador sobre el alma y lleva la mente al cautiverio de la voluntad de Dios. Cuanto más estudiamos el carácter divino a la luz de la cruz, más vemos la misericordia, la ternura y el perdón mezclados con la equidad y la justicia, y más claramente discernimos innumerables evidencias de un amor que es infinito y una tierna piedad que sobrepasa la anhelante simpatía de una madre por su hijo descarriado.

Capítulo 2—La necesidad del pecador de Cristo

El hombre estaba dotado originalmente de nobles poderes y de una mente bien equilibrada. Era perfecto en su ser y estaba en armonía con Dios. Sus pensamientos eran puros, sus objetivos santos. Pero la desobediencia pervirtió sus facultades y el egoísmo sustituyó al amor. Su naturaleza se debilitó tanto por la transgresión que le fue imposible, con sus propias fuerzas, resistir el poder del mal. Fue hecho cautivo por Satanás, y habría permanecido así para siempre si Dios no se hubiera interpuesto especialmente. El propósito del tentador era frustrar el plan divino en la creación del hombre, y llenar la tierra de infortunio y desolación. Y señalaría todo este mal como el resultado de la obra de Dios en la creación del hombre.

En su estado sin pecado, el hombre mantenía gozosa comunión con Aquel "en quien están escondidos todos los tesoros de la sabiduría y del conocimiento." Colosenses 2:3. Pero después de su pecado, ya no pudo hallar gozo en la santidad, y trató de esconderse de la presencia de Dios. Tal sigue siendo la condición del corazón no renovado. No está en armonía con Dios, y no encuentra gozo en la comunión con él. El pecador no podría ser feliz en la presencia de Dios; rehuiría la compañía de los seres santos. Si se le permitiera entrar en el cielo, no habría alegría para él. El espíritu de amor desinteresado que reina allí -cada corazón responde al corazón del Amor Infinito- no tocaría ninguna cuerda sensible en su alma. Sus pensamientos, sus intereses, sus motivos, serían ajenos a los que animan a los moradores sin pecado de allí. Sería una nota discordante en la melodía del cielo. El cielo sería para él un lugar de tortura; anhelaría ocultarse de Aquel que es su luz y el centro de su alegría. No es un decreto arbitrario de Dios el que excluye a los impíos del cielo; son excluidos por su propia incapacidad para estar en su compañía. La gloria de Dios sería para ellos un fuego consumidor. Darían la bienvenida a la destrucción, para poder ocultarse del rostro de Aquel que murió para redimirlos.

Es imposible para nosotros, por nosotros mismos, escapar del pozo de pecado en el que estamos hundidos. Nuestros corazones son malos, y no podemos cambiarlos. "¿Quién puede sacar cosa limpia de cosa inmunda? nadie". "La mente carnal es enemistad contra Dios; porque no se sujeta a la ley de Dios, ni tampoco puede". Job 14:4; Romanos 8:7. La educación, la cultura, el ejercicio de la voluntad, el esfuerzo humano, todos tienen su esfera apropiada, pero aquí son impotentes. Pueden producir una corrección exterior de la conducta, pero no pueden cambiar el corazón; no pueden purificar las fuentes de la vida. Debe haber un poder obrando desde adentro, una nueva vida desde lo alto, antes de que los hombres puedan ser cambiados del pecado a la santidad. Ese poder es Cristo. Sólo su gracia puede vivificar las facultades sin vida del alma y atraerla a Dios, a la santidad.

El Salvador dijo: "A menos que un hombre nazca de lo alto", a menos que reciba un nuevo corazón, nuevos deseos, propósitos y motivos, que conduzcan a una nueva vida, "no puede ver el reino de Dios". Juan 3:3, margen. La idea de que sólo es necesario desarrollar el bien que existe en el hombre por naturaleza, es un engaño fatal. "El hombre natural no recibe las cosas que son del Espíritu de Dios, porque para él son locura, y no las puede entender, porque se han de discernir espiritualmente." "No te maravilles de que te dije: Os es necesario nacer de nuevo". 1 Corintios 2:14; Juan 3:7. De Cristo está escrito: "En él estaba la vida, y la vida era la luz de los hombres", el único "nombre bajo el cielo, dado a los hombres, en que podemos ser salvos." Juan 1:4; Hechos 4:12.

No basta percibir la bondad amorosa de Dios, ver la benevolencia, la ternura paternal de su carácter. No basta con discernir la sabiduría y la justicia de su ley, para ver que se funda en el principio eterno del amor. El apóstol Pablo vio todo esto cuando exclamó: "Consiento a la ley que es buena". "La ley es santa, y el mandamiento santo, y justo, y bueno". Pero añadió, en la amargura de su alma-angustia y desesperación: "Soy carnal, vendido al pecado." Romanos 7:16, 12, 14. Anhelaba la pureza, la justicia, a la que en sí mismo era incapaz de llegar, y clamaba: "¡Miserable de mí! ¿quién me librará de este cuerpo de muerte?". Romanos 7:24, margen. Tal es el clamor que ha surgido de corazones agobiados en todas las tierras y en todas las épocas. Para todos hay una sola respuesta: "He aquí el Cordero de Dios, que quita el pecado del mundo". Juan 1:29.

Muchas son las figuras mediante las cuales el Espíritu de Dios ha tratado de ilustrar esta verdad, y hacerla evidente a las almas que anhelan ser liberadas de la carga de la culpa. Cuando, después de su pecado al engañar a Esaú, Jacob huyó de la casa de su padre, se sintió agobiado por un sentimiento de culpa. Solitario y marginado como estaba, separado de todo lo que le había hecho la vida querida, el único pensamiento que por encima de todos los demás presionaba sobre su alma, era el temor de que su pecado le había apartado de Dios, que estaba abandonado del Cielo. Con tristeza se acostó a descansar sobre la tierra desnuda, a su alrededor sólo las colinas solitarias, y arriba, los cielos brillantes de estrellas. Mientras dormía, una extraña luz irrumpió en su visión; y he aquí que desde la llanura en que yacía, vastas escaleras sombrías parecían subir hasta las mismas puertas del cielo, y por ellas subían y bajaban ángeles de Dios; mientras que desde la gloria de lo alto se oía la voz divina en un mensaje de consuelo y esperanza. Así se dio a conocer a Jacob lo que satisfacía la necesidad y el anhelo de su alma: un Salvador. Con gozo y gratitud vio revelado un camino por el cual él, pecador, podía ser restaurado a la comunión con Dios. La escalera mística de su sueño representaba a Jesús, el único medio de comunicación entre Dios y el hombre.

Esta es la misma figura a la que Cristo se refirió en su conversación con Natanael, cuando dijo: "Veréis el cielo abierto, y a los ángeles de Dios que suben y descienden sobre el Hijo del hombre". Juan 1:51. En la apostasía, el hombre se alejó de Dios; la tierra quedó separada del cielo. A través del abismo que se interponía, no podía haber comunión. Pero por medio de Cristo, la tierra vuelve a estar unida con el cielo. Con sus propios méritos, Cristo ha salvado el abismo que el pecado había abierto, de modo que los ángeles ministradores pueden tener comunión con el hombre. Cristo une al hombre caído en su debilidad e impotencia con la Fuente del poder infinito.

Pero vanos son los sueños de progreso de los hombres, vanos todos los esfuerzos por la elevación de la humanidad, si descuidan la única Fuente de esperanza y ayuda para la raza caída. "Toda buena dádiva y todo don perfecto" (Santiago 1:17) proviene de Dios. No hay verdadera excelencia de carácter fuera de Él. Y el único camino a Dios es Cristo. Él dice: "Yo soy el camino, y la verdad, y la vida; nadie viene al Padre, sino por mí". Juan 14:6.

El corazón de Dios anhela a sus hijos terrenales con un amor más fuerte que la muerte. Al entregar a su Hijo, nos ha dado todo el cielo en un solo don. La vida, la muerte y la intercesión del Salvador, el ministerio de los ángeles, las súplicas del Espíritu, el Padre obrando por encima de todo y a través de todo, el interés incesante de los seres celestiales, todo está alistado en favor de la redención del hombre.

¡Oh, contemplemos el asombroso sacrificio que se ha hecho por nosotros! Tratemos de apreciar el trabajo y la energía que el Cielo está gastando para recuperar a los perdidos y traerlos de vuelta a la casa del Padre. Nunca podrían ponerse en acción motivos más fuertes, ni agencias más poderosas; las recompensas excesivas por hacer el bien, el goce del cielo, la sociedad de los ángeles, la comunión y el amor de Dios y de su Hijo, la elevación y extensión de todos nuestros poderes a través de las edades eternas: ¿no son éstos poderosos incentivos y estímulos que nos impulsan a prestar el servicio amoroso del corazón a nuestro Creador y Redentor?

Y, por otra parte, los juicios de Dios pronunciados contra el pecado, la retribución inevitable, la degradación de nuestro carácter y la destrucción final, se presentan en la palabra de Dios para advertirnos contra el servicio de Satanás.

¿No debemos considerar la misericordia de Dios? ¿Qué más podría hacer? Pongámonos en relación correcta con Aquel que nos ha amado con amor asombroso. Aprovechemos los medios que se nos han proporcionado para que seamos transformados a su semejanza, y seamos restaurados a la comunión con los ángeles ministradores, a la armonía y comunión con el Padre y el Hijo.

Capítulo 3—El Arrepentimiento

¿Cómo puede un hombre ser justo con Dios? ¿Cómo se hará justo al pecador? Sólo por medio de Cristo podemos estar en armonía con Dios, con la santidad; pero ¿cómo llegaremos a Cristo? Muchos se hacen la misma pregunta que se hizo la multitud el día de Pentecostés, cuando, convencidos de pecado, gritaron: "¿Qué haremos?". La primera palabra de la respuesta de Pedro fue: "Arrepentíos". Hechos 2:37, 38. En otra ocasión, poco después, dijo: "Arrepentíos, ... y convertíos, para que sean borrados vuestros pecados". Hechos 3:19.

El arrepentimiento incluye el dolor por el pecado y el alejamiento de él. No renunciaremos al pecado a menos que veamos su pecaminosidad; hasta que nos apartemos de él de corazón, no habrá un cambio real en la vida.

Hay muchos que no comprenden la verdadera naturaleza del arrepentimiento. Multitudes se afligen por haber pecado e incluso hacen una reforma externa porque temen que su mal proceder les traiga sufrimiento. Pero esto no es arrepentimiento en el sentido bíblico. Lamentan el sufrimiento más que el pecado. Tal fue el dolor de Esaú cuando vio que había perdido para siempre la primogenitura. Balaam, aterrorizado por el ángel que se interponía en su camino con la espada desenvainada, reconoció su culpa para no perder la vida; pero no hubo arrepentimiento genuino del pecado, ni conversión de propósito, ni aborrecimiento del mal. Judas Iscariote, después de traicionar a su Señor, exclamó: "He pecado entregando la sangre inocente". Mateo 27:4.

La confesión fue forzada desde su alma culpable por un horrible sentido de condenación y una temerosa espera del juicio. Las consecuencias que iban a sobrevenirle le llenaron de terror, pero no había en su alma una pena profunda y desgarradora por haber traicionado al inmaculado Hijo de Dios y negado al Santo de Israel. El Faraón, cuando sufría bajo los juicios de Dios, reconoció su pecado para escapar a un castigo mayor, pero volvió a su desafío al Cielo tan pronto como se detuvieron las plagas. Todos ellos lamentaron los resultados del pecado, pero no se afligieron por el pecado mismo.

Pero cuando el corazón cede a la influencia del Espíritu de Dios, la conciencia se vivifica y el pecador discierne algo de la profundidad y santidad de la santa ley de Dios, fundamento de su gobierno en el cielo y en la tierra. La "Luz que alumbra a todo hombre que viene al mundo" ilumina las cámaras secretas del alma, y se manifiestan las cosas ocultas de las tinieblas. Juan 1:9. La convicción se apodera de la mente y del corazón. El pecador tiene un sentido de la justicia de Jehová y siente el terror de comparecer, en su propia culpa e inmundicia, ante el Escudriñador de los corazones. Ve el amor de Dios, la belleza de la santidad, el gozo de la pureza; anhela ser purificado y restaurado a la comunión con el Cielo.

La oración de David después de su caída, ilustra la naturaleza del verdadero dolor por el pecado. Su arrepentimiento fue sincero y profundo. No hubo esfuerzo alguno por paliar su culpa; ningún deseo de escapar del juicio amenazado inspiró su oración. David vio la enormidad de su transgresión; vio la contaminación de su alma; aborreció su pecado. No oraba sólo por el perdón, sino por la pureza de corazón. Anhelaba el gozo de la santidad: ser restaurado a la armonía y comunión con Dios. Este era el lenguaje de su alma:

"Bienaventurado aquel cuya transgresión es perdonada,

cuyo pecado está cubierto.

Bienaventurado el hombre a quien el Señor

no imputa iniquidad,

Y en cuyo espíritu no hay engaño". Salmo 32:1, 2.

"Ten piedad de mí, oh Dios, según

Tu bondad:

Según la multitud de tu ternura

las misericordias borran mis transgresiones....

Porque reconozco mis transgresiones: y mi

el pecado está siempre ante mí....

Purifícame con hisopo, y quedaré limpio:

lávame y quedaré más blanco que la nieve....

Crea en mí un corazón limpio, oh Dios;

Y renueva un espíritu recto dentro de mí.

No me apartes de Tu presencia;

Y no quites de mí Tu Santo Espíritu.

Devuélveme la alegría de tu salvación;

Y sostenme con Tu espíritu libre....

Líbrame de la culpa de sangre, oh Dios, Tú

Dios de mi salvación:

Y mi lengua cantará en voz alta de Tu

justicia". Salmo 51:1-14.

Un arrepentimiento como éste, está más allá del alcance de nuestro propio poder para lograrlo; se obtiene sólo de Cristo, que ascendió a lo alto y ha dado dones a los hombres.

Justo aquí hay un punto en el que muchos pueden errar, y por lo tanto no reciben la ayuda que Cristo desea darles. Piensan que no pueden venir a Cristo a menos que primero se arrepientan, y que el arrepentimiento prepara para el perdón de sus pecados. Es verdad que el arrepentimiento precede al perdón de los pecados; porque sólo el corazón contrito y quebrantado sentirá la necesidad de un Salvador. Pero, ¿debe el pecador esperar a arrepentirse para acercarse a Jesús? ¿Es el arrepentimiento un obstáculo entre el pecador y el Salvador?

La Biblia no enseña que el pecador deba arrepentirse antes de poder atender la invitación de Cristo: "Venid a mí todos los que estáis trabajados y cargados, y yo os haré descansar." Mateo 11:28. Es la virtud que brota de Cristo, la que conduce al arrepentimiento genuino. Pedro aclaró el asunto en su declaración a los israelitas cuando dijo: "A éste exaltó Dios con su diestra por Príncipe y Salvador, para dar a Israel arrepentimiento y perdón de pecados". Hechos 5:31. No podemos arrepentirnos sin el Espíritu de Cristo para despertar la conciencia, como tampoco podemos ser perdonados sin Cristo.

Cristo es la fuente de todo impulso recto. Él es el único que puede implantar en el corazón la enemistad contra el pecado. Cada deseo de verdad y pureza, cada convicción de nuestra propia pecaminosidad, es una evidencia de que Su Espíritu se está moviendo en nuestros corazones.

Jesús ha dicho: "Yo, si fuere levantado de la tierra, a todos atraeré a mí mismo". Juan 12:32. Cristo debe ser revelado al pecador como el Salvador que muere por los pecados del mundo; y al contemplar al Cordero de Dios en la cruz del Calvario, el misterio de la redención comienza a revelarse a nuestra mente y la bondad de Dios nos lleva al arrepentimiento. Al morir por los pecadores, Cristo manifestó un amor incomprensible; y cuando el pecador contempla este amor, ablanda el corazón, impresiona la mente e inspira contrición en el alma.

Es cierto que los hombres a veces se avergüenzan de sus caminos pecaminosos, y abandonan algunos de sus malos hábitos, antes de ser conscientes de que están siendo atraídos a Cristo. Pero siempre que hacen un esfuerzo por reformarse, por un sincero deseo de hacer lo correcto, es el poder de Cristo el que los está atrayendo. Una influencia de la cual son inconscientes obra sobre el alma, y la conciencia es vivificada, y la vida exterior es enmendada. Y cuando Cristo los atrae a mirar su cruz, a contemplar a Aquel a quien sus pecados han traspasado, el mandamiento vuelve a la conciencia. Se les revela la maldad de su vida, el pecado profundamente arraigado del alma. Comienzan a comprender algo de la justicia de Cristo, y exclaman: "¿Qué es el pecado, que requiere tal sacrificio para la redención de su víctima? ¿Se exigió todo este amor, todo este sufrimiento, toda esta humillación, para que no perezcamos, sino que tengamos vida eterna?".

El pecador puede resistirse a este amor, puede negarse a ser atraído a Cristo; pero si no se resiste, será atraído a Jesús; el conocimiento del plan de salvación lo llevará al pie de la cruz en arrepentimiento por sus pecados, que han causado los sufrimientos del amado Hijo de Dios.

La misma mente divina que está trabajando sobre las cosas de la naturaleza está hablando a los corazones de los hombres y creando un anhelo inexpresable por algo que no tienen. Las cosas del mundo no pueden satisfacer su anhelo. El Espíritu de Dios les suplica que busquen aquellas cosas que son las únicas que pueden darles paz y descanso: la gracia de Cristo, el gozo de la santidad. A través de influencias visibles e invisibles, nuestro Salvador está constantemente trabajando para atraer las mentes de los hombres de los placeres insatisfactorios del pecado a las bendiciones infinitas que pueden ser suyas en Él. A todas estas almas, que en vano buscan beber de las cisternas rotas de este mundo, se dirige el mensaje divino: "Venga el que tenga sed. Y el que quiera, tome gratuitamente del agua de la vida". Apocalipsis 22:17.

Tú que en tu corazón anhelas algo mejor de lo que este mundo puede dar, reconoce este anhelo como la voz de Dios a tu alma. Pídele que te dé arrepentimiento, que te revele a Cristo en su infinito amor, en su perfecta pureza. En la vida del Salvador se ejemplificaron perfectamente los principios de la ley de Dios: el amor a Dios y a los hombres. La benevolencia, el amor desinteresado, era la vida de Su alma. Cuando lo contemplamos, cuando la luz de nuestro Salvador cae sobre nosotros, vemos la pecaminosidad de nuestros propios corazones.

Podemos habernos lisonjeado, como Nicodemo, de que nuestra vida ha sido recta, de que nuestro carácter moral es correcto, y pensar que no necesitamos humillar el corazón ante Dios, como el pecador común: pero cuando la luz de Cristo brille en nuestras almas, veremos cuán impuros somos; discerniremos el egoísmo del motivo, la enemistad contra Dios, que ha contaminado cada acto de la vida. Entonces sabremos que nuestra propia justicia es en verdad como trapos de inmundicia, y que sólo la sangre de Cristo puede limpiarnos de la contaminación del pecado y renovar nuestros corazones a su semejanza.

Un rayo de la gloria de Dios, un destello de la pureza de Cristo, penetrando en el alma, hace dolorosamente distinta toda mancha de contaminación, y pone al descubierto la deformidad y los defectos del carácter humano. Hace evidentes los deseos inconfesables, la infidelidad del corazón, la impureza de los labios. Los actos de deslealtad del pecador, que anulan la ley de Dios, quedan expuestos a su vista, y su espíritu es golpeado y afligido bajo la influencia escrutadora del Espíritu de Dios. Se aborrece a sí mismo al ver el carácter puro y sin mancha de Cristo.

Cuando el profeta Daniel contempló la gloria que rodeaba al mensajero celestial que le había sido enviado, se sintió abrumado por la sensación de su propia debilidad e imperfección. Describiendo el efecto de la maravillosa escena, dice: "No quedó fuerza en mí; porque mi hermosura se convirtió en mí en corrupción, y no conservé fuerza alguna." Daniel 10:8. El alma así conmovida odiará su egoísmo, aborrecerá su amor propio y buscará, mediante la justicia de Cristo, la pureza de corazón que está en armonía con la ley de Dios y el carácter de Cristo.

Pablo dice que "en cuanto a la justicia que es en la ley" -en lo que se refiere a los actos externos- era "irreprensible" (Filipenses 3:6); pero cuando se discernía el carácter espiritual de la ley, se veía a sí mismo como pecador. Juzgado por la letra de la ley tal como los hombres la aplican a la vida exterior, se había abstenido de pecar; pero cuando miró en las profundidades de sus santos preceptos, y se vio a sí mismo como Dios lo veía, se inclinó humillado y confesó su culpa. Dice: "Una vez viví sin la ley; pero cuando vino el mandamiento, revivió el pecado y morí". Romanos 7:9. Cuando vio la naturaleza espiritual de la ley, el pecado apareció en su verdadero horror, y su autoestima desapareció.

Dios no considera todos los pecados de la misma magnitud; hay grados de culpa en su estimación, así como en la del hombre; pero por insignificante que pueda parecer este o aquel acto malo a los ojos de los hombres, ningún pecado es pequeño a los ojos de Dios. El juicio del hombre es parcial, imperfecto; pero Dios estima todas las cosas como realmente son. El borracho es despreciado y se le dice que su pecado lo excluirá del cielo; mientras que el orgullo, el egoísmo y la codicia con demasiada frecuencia no son reprendidos. Pero éstos son pecados especialmente ofensivos para Dios, porque son contrarios a la benevolencia de su carácter, a ese amor desinteresado que es la atmósfera misma del universo no caído. El que cae en algunos de los pecados más groseros puede sentir su vergüenza y pobreza y su necesidad de la gracia de Cristo; pero el orgullo no siente ninguna necesidad, y así cierra el corazón contra Cristo y las bendiciones infinitas que vino a dar.

El pobre publicano que oró: "Dios, sé propicio a mí, pecador" (Lucas 18:13), se consideraba a sí mismo como un hombre muy malvado, y otros lo veían bajo la misma luz; pero él sentía su necesidad, y con su carga de culpa y vergüenza vino ante Dios, pidiendo su misericordia. Su corazón estaba abierto para que el Espíritu de Dios hiciera su obra de gracia y lo liberara del poder del pecado. La oración jactanciosa y farisaica del fariseo mostraba que su corazón estaba cerrado a la influencia del Espíritu Santo. Debido a su distancia de Dios, no tenía sentido de su propia contaminación, en contraste con la perfección de la santidad divina. No sentía ninguna necesidad y no recibía nada.

Si ves tu pecaminosidad, no esperes a hacerte mejor. Cuántos hay que piensan que no son suficientemente buenos para venir a Cristo. ¿Esperas ser mejor por tu propio esfuerzo? "¿Mudará el etíope su piel, y el leopardo sus manchas? Entonces haced también vosotros el bien, que estáis acostumbrados a hacer el mal". Jeremías 13:23. Sólo hay ayuda para nosotros en Dios. No debemos esperar persuasiones más fuertes, mejores oportunidades o temperamentos más santos. No podemos hacer nada por nosotros mismos. Debemos venir a Cristo tal como somos.

Pero que nadie se engañe pensando que Dios, en su gran amor y misericordia, salvará incluso a los que rechazan su gracia. La excesiva pecaminosidad del pecado sólo puede estimarse a la luz de la cruz. Cuando los hombres insisten en que Dios es demasiado bueno para desechar al pecador, que miren al Calvario. Porque no había otro modo en que el hombre pudiera salvarse, porque sin este sacrificio era imposible que la raza humana escapara del poder contaminante del pecado y fuera restaurada a la comunión con los seres santos -imposible que volvieran a ser partícipes de la vida espiritual-, fue por esto que Cristo tomó sobre sí la culpa de los desobedientes y sufrió en lugar del pecador. El amor, el sufrimiento y la muerte del Hijo de Dios atestiguan la terrible enormidad del pecado y declaran que no hay escapatoria de su poder, ni esperanza de la vida superior, sino mediante la sumisión del alma a Cristo.

Los impenitentes a veces se excusan diciendo de los que profesan ser cristianos: "Yo soy tan bueno como ellos. Ellos no son más abnegados, sobrios o circunspectos en su conducta que yo. Aman el placer y la autoindulgencia tanto como yo". Así hacen de las faltas de los demás una excusa para su propia negligencia en el cumplimiento del deber. Pero los pecados y defectos de los demás no excusan a nadie, porque el Señor no nos ha dado un modelo humano errado. Se nos ha dado como ejemplo al inmaculado Hijo de Dios, y los que se quejan del mal proceder de los que profesan ser cristianos son los que deberían mostrar vidas mejores y ejemplos más nobles. Si tienen un concepto tan elevado de lo que debe ser un cristiano, ¿no es su propio pecado mucho mayor? Saben lo que es correcto y, sin embargo, se niegan a hacerlo.

Cuidado con la dilación. No pospongas la obra de abandonar tus pecados y buscar la pureza de corazón por medio de Jesús. Aquí es donde miles y miles han errado para su pérdida eterna. No voy a insistir aquí en la brevedad e incertidumbre de la vida; pero hay un peligro terrible -un peligro que no se comprende suficientemente- en demorar el ceder a la voz suplicante del Espíritu Santo de Dios, en elegir vivir en pecado; porque tal demora es realmente. El pecado, por pequeño que se considere, sólo puede consentirse a riesgo de una pérdida infinita. Lo que no vencemos, nos vencerá y causará nuestra destrucción.

Adán y Eva se persuadieron a sí mismos de que un asunto tan pequeño como comer del fruto prohibido no podía tener consecuencias tan terribles como las que Dios había declarado. Pero este pequeño asunto fue la transgresión de la inmutable y santa ley de Dios, y separó al hombre de Dios y abrió las compuertas de la muerte y de inenarrables desgracias sobre nuestro mundo. Edad tras edad se ha levantado de nuestra tierra un grito continuo de lamento, y toda la creación gime y sufre dolor como consecuencia de la desobediencia del hombre. El cielo mismo ha sentido los efectos de su rebelión contra Dios. El Calvario es un monumento conmemorativo del increíble sacrificio exigido para expiar la transgresión de la ley divina. No consideremos el pecado como algo trivial.

Cada acto de transgresión, cada negligencia o rechazo de la gracia de Cristo, está reaccionando sobre ti mismo; está endureciendo el corazón, depravando la voluntad, entumeciendo el entendimiento, y no sólo haciéndote menos inclinado a ceder, sino menos capaz de ceder, a la tierna súplica del Espíritu Santo de Dios.

Muchos tranquilizan una conciencia atribulada con el pensamiento de que pueden cambiar un curso de maldad cuando quieran; que pueden jugar con las invitaciones de la misericordia, y sin embargo ser impresionados una y otra vez. Piensan que después de despreciar al Espíritu de gracia, después de poner su influencia del lado de Satanás, en un momento de terrible extremo pueden cambiar su curso. Pero esto no es tan fácil. La experiencia, la educación, de toda una vida, ha moldeado tan completamente el carácter que pocos desean entonces recibir la imagen de Jesús.

Incluso un rasgo erróneo de carácter, un deseo pecaminoso, persistentemente acariciado, finalmente neutralizará todo el poder del evangelio. Toda indulgencia pecaminosa fortalece la aversión del alma hacia Dios. El hombre que manifiesta una dureza infiel, o una indiferencia rígida hacia la verdad divina, no hace más que recoger la cosecha de lo que él mismo ha sembrado. No hay en toda la Biblia una advertencia más temible contra el jugueteo con el mal que las palabras del sabio de que el pecador "será atado con las cuerdas de sus pecados". Proverbios 5:22.

Cristo está dispuesto a liberarnos del pecado, pero no fuerza la voluntad; y si por la transgresión persistente la voluntad misma está totalmente inclinada al mal, y no deseamos ser liberados, si no aceptamos Su gracia, ¿qué más puede hacer? Nos hemos destruido a nosotros mismos por nuestro decidido rechazo de Su amor. "He aquí ahora el tiempo aceptable; he aquí ahora el día de salvación". "Si oís hoy su voz, no endurezcáis vuestros corazones". 2 Corintios 6:2; Hebreos 3:7, 8.

"El hombre mira la apariencia exterior, pero el Señor mira el corazón"-el corazón humano, con sus emociones conflictivas de alegría y tristeza; el corazón errante y descarriado, que es la morada de tanta impureza y engaño. 1 Samuel 16:7. Él conoce sus motivos, sus intenciones y propósitos. Acude a Él con tu alma manchada tal como está. Como el salmista, abre sus aposentos al ojo que todo lo ve, exclamando: "Examíname, oh Dios, y conoce mi corazón; pruébame y conoce mis pensamientos; y ve si hay en mí camino de perversidad, y guíame por el camino eterno". Salmo 139:23, 24.

Muchos aceptan una religión intelectual, una forma de piedad, cuando el corazón no está limpio. Que sea tu oración: "Crea en mí, oh Dios, un corazón limpio; y renueva un espíritu recto dentro de mí". Salmo 51:10. Trata verdaderamente con tu propia alma. Sé tan serio, tan persistente, como lo serías si tu vida mortal estuviera en juego. Este es un asunto que debe ser resuelto entre Dios y tu propia alma, resuelto para la eternidad. Una supuesta esperanza, y nada más, será tu ruina.

Estudia la palabra de Dios en oración. Esa palabra presenta ante ti, en la ley de Dios y la vida de Cristo, los grandes principios de la santidad, sin los cuales "nadie verá al Señor". Hebreos 12:14. Convence del pecado; revela claramente el camino de la salvación. Escúchala como la voz de Dios que habla a tu alma.

Cuando veas la enormidad del pecado, cuando te veas tal como eres en realidad, no te abandones a la desesperación. Cristo vino a salvar a los pecadores. No tenemos que reconciliar a Dios con nosotros, sino que -¡oh maravilloso amor!- Dios en Cristo está "reconciliando al mundo consigo mismo". 2 Corintios 5:19. Está cortejando con su tierno amor los corazones de sus hijos descarriados. Ningún padre terrenal podría ser tan paciente con las faltas y errores de sus hijos, como lo es Dios con los que procura salvar. Nadie podría suplicar más tiernamente al transgresor. Ningún labio humano derramó jamás súplicas más tiernas al errante que Él. Todas Sus promesas, Sus advertencias, no son sino el aliento de un amor indecible.

Cuando Satanás venga a decirte que eres un gran pecador, mira a tu Redentor y habla de Sus méritos. Lo que te ayudará es mirar hacia Su luz. Reconoce tu pecado, pero dile al enemigo que "Cristo Jesús vino al mundo para salvar a los pecadores" y que puedes ser salvado por Su incomparable amor. 1 Timoteo 1:15. Jesús hizo una pregunta a Simón acerca de dos deudores. Uno debía a su Señor una pequeña suma, y el otro le debía una suma muy grande; pero perdonó a los dos, y Cristo preguntó a Simón qué deudor amaría más a su Señor. Simón respondió: "Aquel a quien perdonó más". Lucas 7:43. Hemos sido grandes pecadores, pero Cristo murió para que fuésemos perdonados. Los méritos de Su sacrificio son suficientes para presentarlos al Padre en nuestro favor. Aquellos a quienes Él ha perdonado más, le amarán más, y estarán más cerca de Su trono para alabarle por Su gran amor e infinito sacrificio. Cuando comprendemos más plenamente el amor de Dios es cuando mejor nos damos cuenta de la pecaminosidad del pecado. Cuando vemos la longitud de la cadena que se soltó por nosotros, cuando comprendemos algo del sacrificio infinito que Cristo ha hecho en nuestro favor, el corazón se derrite de ternura y contrición.

Capítulo 4—La Confesión

"El que encubre sus pecados no prosperará; pero el que los confiesa y los abandona tendrá misericordia". Proverbios 28:13.

Las condiciones para obtener la misericordia de Dios son sencillas, justas y razonables. El Señor no nos exige que hagamos alguna cosa penosa para que podamos tener el perdón de los pecados. No necesitamos hacer largas y fatigosas peregrinaciones, ni cumplir penosas penitencias, para encomendar nuestras almas al Dios del cielo o para expiar nuestra transgresión; sino que el que confiesa y abandona su pecado tendrá misericordia.

El apóstol dice: "Confesaos vuestras faltas unos a otros, y orad unos por otros, para que seáis sanados." Santiago 5:16. Confesad vuestros pecados a Dios, que es el único que puede perdonarlos, y vuestras faltas unos a otros. Si has ofendido a tu amigo o a tu prójimo, debes reconocer tu falta, y él tiene el deber de perdonarte libremente. Luego debes buscar el perdón de Dios, porque el hermano que has herido es propiedad de Dios, y al herirlo has pecado contra su Creador y Redentor. El caso se presenta ante el único Mediador verdadero, nuestro gran Sumo Sacerdote, que "fue tentado en todo según nuestra semejanza, pero sin pecado", y que "sintió nuestras flaquezas", y puede limpiar de toda mancha de iniquidad. Hebreos 4:15.

Aquellos que no han humillado sus almas ante Dios reconociendo su culpa, no han cumplido todavía la primera condición de la aceptación. Si no hemos experimentado ese arrepentimiento del que no hay que arrepentirse, y no hemos confesado con verdadera humillación de alma y quebrantamiento de espíritu nuestros pecados, aborreciendo nuestra iniquidad, nunca hemos buscado verdaderamente el perdón de los pecados; y si nunca lo hemos buscado, nunca hemos encontrado la paz de Dios. La única razón por la que no tenemos remisión de los pecados pasados es que no estamos dispuestos a humillar nuestros corazones y cumplir con las condiciones de la palabra de verdad. Se da instrucción explícita con respecto a este asunto. La confesión de los pecados, ya sea pública o privada, debe ser sincera y libremente expresada. No debe ser exigida por el pecador. No se debe hacer de una manera frívola y descuidada, o forzada por aquellos que no se dan cuenta del carácter aborrecible del pecado. La confesión que es la efusión de lo más íntimo del alma encuentra su camino hacia el Dios de la piedad infinita. El salmista dice: "Cercano está Jehová a los quebrantados de corazón, y salva a los contritos de espíritu". Salmo 34:18.

La verdadera confesión es siempre de carácter específico y reconoce pecados particulares. Pueden ser de tal naturaleza que deban ser presentados sólo ante Dios; pueden ser agravios que deben ser confesados a los individuos que han sufrido daño por ellos; o pueden ser de carácter público, y entonces deben ser confesados públicamente. Pero toda confesión debe ser definitiva y al punto, reconociendo los pecados mismos de los que eres culpable.

En los días de Samuel, los israelitas se alejaron de Dios. Estaban sufriendo las consecuencias del pecado; porque habían perdido su fe en Dios, perdido su discernimiento de Su poder y sabiduría para gobernar la nación, perdido su confianza en Su capacidad para defender y vindicar Su causa. Se apartaron del gran Gobernante del universo y desearon ser gobernados como lo eran las naciones que los rodeaban. Antes de encontrar la paz hicieron esta confesión definitiva: "Hemos añadido a todos nuestros pecados este mal de pedirnos un rey". 1 Samuel 12:19. El pecado mismo por el cual fueron condenados tenía que ser confesado. Su ingratitud oprimía sus almas y los separaba de Dios.

La confesión no será aceptable a Dios sin arrepentimiento sincero y reforma. Debe haber cambios decididos en la vida; todo lo que ofende a Dios debe ser desechado. Este será el resultado de un genuino dolor por el pecado. La obra que tenemos que hacer de nuestra parte está claramente expuesta ante nosotros: "Lávate, purifícate; quita de delante de mis ojos la maldad de tus obras; deja de hacer lo malo; aprende a hacer lo bueno; busca el juicio, alivia al oprimido, juzga al huérfano, aboga por la viuda". Isaías 1:16, 17. "Si el impío restituye la prenda, devuelve lo que había robado, anda en los estatutos de la vida, sin cometer iniquidad; ciertamente vivirá, no morirá". Ezequiel 33:15. Pablo dice, hablando de la obra del arrepentimiento: "Os arrepentisteis piadosamente; ¡qué cuidado produjo en vosotros, sí, qué limpieza de vosotros mismos, sí, qué indignación, sí, qué temor, sí, qué vehemente deseo, sí, qué celo, sí, qué venganza! En todo os habéis aprobado para ser limpios en este asunto". 2 Corintios 7:11.

Cuando el pecado ha amortiguado las percepciones morales, el malhechor no discierne los defectos de su carácter ni se da cuenta de la enormidad del mal que ha cometido; y a menos que se someta al poder de convicción del Espíritu Santo, permanece en una ceguera parcial ante su pecado. Sus confesiones no son sinceras ni serias. A cada reconocimiento de su culpa añade una disculpa en excusa de su conducta, declarando que si no hubiera sido por ciertas circunstancias no habría hecho esto o aquello por lo que se le reprende.

Después de que Adán y Eva comieran del fruto prohibido, se sintieron llenos de vergüenza y terror. Al principio su único pensamiento fue cómo excusar su pecado y escapar de la temida sentencia de muerte. Cuando el Señor les preguntó por su pecado, Adán contestó culpando en parte a Dios y en parte a su compañera: "La mujer que me diste por compañera me dio del árbol, y comí". La mujer echó la culpa a la serpiente, diciendo: "La serpiente me engañó, y comí". Génesis 3:12, 13. ¿Por qué hiciste a la serpiente? ¿Por qué permitiste que entrara en el Edén? Éstas eran las preguntas implícitas en su excusa por su pecado, cargando así a Dios con la responsabilidad de su caída. El espíritu de autojustificación se originó en el padre de la mentira y ha sido exhibido por todos los hijos e hijas de Adán. Confesiones de este orden no son inspiradas por el Espíritu divino y no serán aceptables a Dios. El verdadero arrepentimiento llevará al hombre a cargar él mismo con su culpa y a reconocerla sin engaño ni hipocresía. Como el pobre publicano, sin alzar siquiera los ojos al cielo, clamará: "Dios, sé propicio a mí, pecador", y los que reconozcan su culpa serán justificados, pues Jesús invocará su sangre en favor del alma arrepentida.

Los ejemplos en la Palabra de Dios de arrepentimiento y humillación genuinos revelan un espíritu de confesión en el que no hay excusa para el pecado ni intento de autojustificación. Pablo no trató de escudarse; pinta su pecado en su tono más oscuro, sin tratar de disminuir su culpa. Dice: "Encerré en la cárcel a muchos de los santos, habiendo recibido autoridad de los sumos sacerdotes; y cuando los mataban, yo daba mi voz contra ellos. Y los castigaba a menudo en todas las sinagogas, y los obligaba a blasfemar; y enfurecido en extremo contra ellos, los perseguía hasta ciudades extrañas". Hechos 26:10, 11. No duda en declarar que "Cristo Jesús vino al mundo para salvar a los pecadores, de los cuales yo soy el primero". 1 Timoteo 1:15.

El corazón humilde y quebrantado, subyugado por el arrepentimiento genuino, apreciará algo del amor de Dios y el costo del Calvario; y como un hijo confiesa a un padre amoroso, así el verdaderamente penitente llevará todos sus pecados ante Dios. Y está escrito: "Si confesamos nuestros pecados, Él es fiel y justo para perdonar nuestros pecados, y limpiarnos de toda maldad". 1 Juan 1:9.

Capítulo 5—Consagración

La promesa de Dios es: "Me buscaréis y me hallaréis, cuando me busquéis de todo vuestro corazón". Jeremías 29:13.

Todo el corazón debe someterse a Dios, o nunca podrá operarse en nosotros el cambio por el cual hemos de ser restaurados a Su semejanza. Por naturaleza estamos alejados de Dios. El Espíritu Santo describe nuestra condición con palabras como éstas: "Muertos en delitos y pecados"; "toda la cabeza está enferma, y todo el corazón desfalleciente"; "no hay en él salud". Estamos sujetos en el lazo de Satanás, "cautivos de él a su voluntad". Efesios 2:1; Isaías 1:5, 6; 2 Timoteo 2:26. Dios desea sanarnos, liberarnos. Pero como esto requiere una transformación completa, una renovación de toda nuestra naturaleza, debemos entregarnos totalmente a Él.

La guerra contra el yo es la batalla más grande que jamás se haya librado. La rendición del yo, entregándolo todo a la voluntad de Dios, requiere una lucha; pero el alma debe someterse a Dios antes de que pueda ser renovada en santidad.

El gobierno de Dios no se basa, como Satanás quiere hacer creer, en una sumisión ciega, en un control irracional. Apela al intelecto y a la conciencia. "Venid ahora, y razonemos juntos" es la invitación del Creador a los seres que ha hecho. Isaías 1:18. Dios no fuerza la voluntad de sus criaturas. No puede aceptar un homenaje que no se le rinda voluntaria e inteligentemente. Una mera sumisión forzada impediría todo desarrollo real de la mente o del carácter; convertiría al hombre en un mero autómata. Tal no es el propósito del Creador. Él desea que el hombre, obra cumbre de su poder creador, alcance el mayor desarrollo posible. Él pone ante nosotros la altura de la bendición a la que desea llevarnos a través de su gracia. Nos invita a entregarnos a Él, para que pueda obrar su voluntad en nosotros. Nos queda elegir si queremos ser liberados de la esclavitud del pecado, para compartir la gloriosa libertad de los hijos de Dios.

Al entregarnos a Dios, debemos necesariamente renunciar a todo lo que nos separaría de Él. Por eso dice el Salvador: "Cualquiera de vosotros que no renuncia a todo lo que posee, no puede ser mi discípulo". Lucas 14:33. Hay que renunciar a todo lo que aleja el corazón de Dios. Mammón es el ídolo de muchos. El amor al dinero, el deseo de riquezas, es la cadena de oro que los ata a Satanás. Otra clase adora la reputación y el honor mundano. La vida de comodidad egoísta y libertad de responsabilidad es el ídolo de otros. Pero estas ataduras serviles deben romperse. No podemos ser mitad del Señor y mitad del mundo. No somos hijos de Dios a menos que lo seamos por completo.

Hay quienes profesan servir a Dios, mientras confían en sus propios esfuerzos para obedecer su ley, formar un carácter recto y obtener la salvación. Sus corazones no están movidos por ningún sentido profundo del amor de Cristo, sino que tratan de cumplir los deberes de la vida cristiana como lo que Dios exige de ellos para ganar el cielo. Tal religión no vale nada. Cuando Cristo habite en el corazón, el alma estará tan llena de su amor, de la alegría de la comunión con Él, que se apegará a Él; y en la contemplación de Él, el yo será olvidado. El amor a Cristo será el resorte de la acción. Los que sienten el amor apremiante de Dios, no preguntan cuán poco puede darse para satisfacer los requisitos de Dios; no piden el nivel más bajo, sino que aspiran a la perfecta conformidad con la voluntad de su Redentor. Con ferviente deseo lo entregan todo y manifiestan un interés proporcional al valor del objeto que buscan. Una profesión de Cristo sin este profundo amor es mera palabrería, árida formalidad y pesada monotonía.

¿Te parece un sacrificio demasiado grande entregarlo todo a Cristo? Hazte la pregunta: "¿Qué ha dado Cristo por mí?". El Hijo de Dios lo dio todo -vida, amor y sufrimiento- por nuestra redención. ¿Y es posible que nosotros, objetos indignos de un amor tan grande, le neguemos nuestro corazón? Cada momento de nuestras vidas hemos sido partícipes de las bendiciones de Su gracia, y por esta misma razón no podemos darnos cuenta plenamente de las profundidades de la ignorancia y la miseria de las que hemos sido salvados. ¿Podemos mirar a Aquel a quien nuestros pecados han traspasado y, sin embargo, estar dispuestos a hacer caso omiso de todo Su amor y sacrificio? En vista de la infinita humillación del Señor de la gloria, ¿murmuraremos porque sólo podemos entrar en la vida mediante el conflicto y la humillación de nosotros mismos?

La pregunta de muchos corazones orgullosos es: "¿Por qué necesito ir en penitencia y humillación antes de que pueda tener la seguridad de mi aceptación con Dios?". Les señalo a Cristo. Él era sin pecado, y, más que esto, era el Príncipe del cielo; pero en favor del hombre se hizo pecado por la raza. "Fue contado con los transgresores, y llevó el pecado de muchos, e intercedió por los transgresores". Isaías 53:12.

Pero, ¿qué entregamos cuando lo damos todo? Un corazón contaminado por el pecado, para que Jesús lo purifique, lo limpie con Su propia sangre y lo salve con Su amor incomparable. Y sin embargo, los hombres piensan que es difícil renunciar a todo. Me avergüenzo de oírlo decir, me avergüenzo de escribirlo.

Dios no nos exige que renunciemos a nada que nos interese conservar. En todo lo que hace, tiene en mente el bienestar de sus hijos. Ojalá que todos los que no han escogido a Cristo se dieran cuenta de que Él tiene algo mucho mejor que ofrecerles que lo que buscan para sí mismos. El hombre hace el mayor daño e injusticia a su propia alma cuando piensa y actúa en contra de la voluntad de Dios. No se puede encontrar verdadera alegría en el camino prohibido por Aquel que sabe lo que es mejor y que planea para el bien de Sus criaturas. El camino de la transgresión es el camino de la miseria y la destrucción.

Es un error pensar que Dios se complace en ver sufrir a sus hijos. Todo el cielo está interesado en la felicidad del hombre. Nuestro Padre celestial no cierra las avenidas de la alegría a ninguna de sus criaturas. Las exigencias divinas nos llaman a rehuir aquellas indulgencias que traerían sufrimiento y desilusión, que nos cerrarían la puerta de la felicidad y del cielo. El Redentor del mundo acepta a los hombres tal como son, con todas sus necesidades, imperfecciones y debilidades; y no sólo limpiará del pecado y concederá la redención por medio de su sangre, sino que satisfará el anhelo del corazón de todos los que consientan en llevar su yugo, en soportar su carga. Su propósito es impartir paz y descanso a todos los que acuden a Él en busca del pan de vida. Él requiere que realicemos sólo aquellos deberes que conducirán nuestros pasos a las alturas de la bienaventuranza a las que el desobediente nunca podrá llegar. La verdadera y gozosa vida del alma es tener a Cristo formado dentro, la esperanza de gloria.

Muchos se preguntan: "¿Cómo he de hacer la entrega de mí mismo a Dios?". Deseas entregarte a Él, pero eres débil en poder moral, en esclavitud a la duda, y controlado por los hábitos de tu vida de pecado. Tus promesas y resoluciones son como cuerdas de arena. No puedes controlar tus pensamientos, tus impulsos, tus afectos. El conocimiento de tus promesas rotas y de tus compromisos incumplidos debilita tu confianza en tu propia sinceridad, y te hace sentir que Dios no puede aceptarte; pero no necesitas desesperar. Lo que necesitas comprender es la verdadera fuerza de la voluntad. Este es el poder que gobierna la naturaleza del hombre, el poder de decisión, o de elección. Todo depende de la acción correcta de la voluntad. El poder de elección Dios lo ha dado a los hombres; es de ellos ejercerlo. No puedes cambiar tu corazón, no puedes por ti mismo dar a Dios sus afectos; pero puedes elegir servirle. Puedes darle tu voluntad; entonces Él obrará en ti el querer y el hacer según su beneplácito. Así toda tu naturaleza estará bajo el control del Espíritu de Cristo; tus afectos estarán centrados en Él, tus pensamientos estarán en armonía con Él.

Los deseos de bondad y santidad son correctos hasta donde llegan; pero si se detienen aquí, de nada servirán. Muchos se perderán mientras esperan y desean ser cristianos. No llegan al punto de rendir la voluntad a Dios. Ahora no eligen ser cristianos.

A través del ejercicio correcto de la voluntad, se puede hacer un cambio completo en tu vida. Al entregar tu voluntad a Cristo, te alías con el poder que está por encima de todos los principados y potestades. Tendrás la fuerza de lo alto para mantenerte firme, y así, a través de la entrega constante a Dios, serás capaz de vivir la nueva vida, incluso la vida de fe.

Capítulo 6—Fe y Aceptación

A medida que tu conciencia ha sido vivificada por el Espíritu Santo, has visto algo del mal del pecado, de su poder, de su culpa, de su aflicción; y lo miras con aborrecimiento. Sientes que el pecado te ha separado de Dios, que estás esclavizado al poder del mal. Cuanto más luchas por escapar, más te das cuenta de tu impotencia. Tus motivos son impuros; tu corazón está sucio. Ves que tu vida ha estado llena de egoísmo y pecado. Anhelas ser perdonado, ser limpiado, ser liberado. Armonía con Dios, semejanza con Él: ¿qué puedes hacer para conseguirlo?

Lo que necesitas es paz: el perdón de Dios, la paz y el amor en el alma. El dinero no puede comprarla, el intelecto no puede procurarla, la sabiduría no puede alcanzarla; nunca puedes esperar, por tus propios esfuerzos, asegurarla. Pero Dios te lo ofrece como un don, "sin dinero y sin precio". Isaías 55:1. Es tuyo si extiendes tu mano y lo tomas. El Señor dice: "Aunque vuestros pecados fueren como la grana, como la nieve serán emblanquecidos; aunque fueren rojos como el carmesí, vendrán a ser como blanca lana". Isaías 1:18. "Y os daré corazón nuevo, y pondré espíritu nuevo dentro de vosotros". Ezequiel 36:26.

Has confesado tus pecados, y de corazón los has desechado. Has resuelto entregarte a Dios. Ahora ve a Él, y pídele que lave tus pecados y te dé un corazón nuevo. Entonces cree que El hace esto porque El lo ha prometido. Esta es la lección que Jesús enseñó mientras estuvo en la tierra, que el don que Dios nos promete, debemos creer que lo recibimos, y es nuestro. Jesús sanó a la gente de sus enfermedades cuando tuvieron fe en Su poder; los ayudó en las cosas que podían ver, inspirándoles así confianza en Él respecto a las cosas que no podían ver, llevándolos a creer en Su poder para perdonar pecados. Esto lo declaró claramente en la curación del hombre enfermo de parálisis: "Para que sepáis que el Hijo del Hombre tiene potestad en la tierra para perdonar pecados, (entonces dice al paralítico:) Levántate, toma tu lecho, y vete a tu casa". Mateo 9:6. Así también dice el evangelista Juan, hablando de los milagros de Cristo: "Estas se han escrito para que creáis que Jesús es el Cristo, el Hijo de Dios; y para que creyendo, tengáis vida por su nombre." Juan 20:31.

Del sencillo relato bíblico de cómo Jesús curó a los enfermos, podemos aprender algo sobre cómo creer en Él para el perdón de los pecados. Veamos la historia del paralítico de Betesda. El pobre enfermo estaba indefenso; hacía treinta y ocho años que no utilizaba sus miembros. Sin embargo, Jesús le ordenó: "Levántate, toma tu lecho y anda". El enfermo podría haber dicho: "Señor, si quieres sanarme, obedeceré tu palabra". Pero no, él creyó en la palabra de Cristo, creyó que había sido sanado, e hizo el esfuerzo de inmediato; quiso caminar, y caminó. Él actuó en la palabra de Cristo, y Dios dio el poder. Fue sanado.

Tú también eres pecador. No puedes expiar tus pecados pasados; no puedes cambiar tu corazón y hacerte santo. Pero Dios promete hacer todo esto por ti a través de Cristo. Tú crees en esa promesa. Confiesa tus pecados y entrégate a Dios. Quieres servirle. Tan cierto como que haces esto, Dios cumplirá Su palabra. Si crees la promesa, -crees que eres perdonado y limpiado, -Dios suple el hecho; eres sanado, así como Cristo le dio al paralítico el poder de caminar cuando el hombre creyó que había sido sanado. Es así si tú lo crees.

No esperes a sentir que has sido sanado, sino di: "Lo creo; es así, no porque lo sienta, sino porque Dios lo ha prometido."

Jesús dice: "Todo lo que pidiereis orando, creed que lo recibiréis, y os vendrá". Marcos 11:24. Esta promesa tiene una condición: que oremos conforme a la voluntad de Dios. Pero la voluntad de Dios es limpiarnos del pecado, hacernos sus hijos y capacitarnos para vivir una vida santa. Así que podemos pedir estas bendiciones, y creer que las recibimos, y dar gracias a Dios por haberlas recibido. Es nuestro privilegio ir a Jesús y ser limpiados, y presentarnos ante la ley sin vergüenza ni remordimiento. "Ahora, pues, ninguna condenación hay para los que están en Cristo Jesús, los que no andan conforme a la carne, sino conforme al Espíritu". Romanos 8:1.

Desde ahora no sois vuestros; habéis sido comprados por precio. "No fuisteis rescatados con cosas corruptibles, como oro o plata, ... sino con la sangre preciosa de Cristo, como de un cordero sin mancha y sin contaminación". 1 Pedro 1:18, 19. A través de este simple acto de creerle a Dios, el Espíritu Santo ha engendrado una nueva vida en tu corazón. Eres como un niño nacido en la familia de Dios, y Él te ama como ama a Su Hijo.

Ahora que te has entregado a Jesús, no retrocedas, no te alejes de Él, sino que día a día di: "Soy de Cristo; me he entregado a Él"; y pídele que te dé Su Espíritu y te guarde por Su gracia. Así como al entregarte a Dios y creerle te conviertes en Su hijo, así también debes vivir en Él. El apóstol dice: "Así que, de la manera que habéis recibido al Señor Jesucristo, andad en él". Colosenses 2:6.

Algunos parecen sentir que deben estar a prueba, y que deben probar al Señor que están reformados, antes de que puedan reclamar Su bendición. Pero pueden reclamar la bendición de Dios incluso ahora. Deben tener Su gracia, el Espíritu de Cristo, para ayudar a sus debilidades, o no podrán resistir el mal. Jesús ama que vengamos a Él tal como somos, pecadores, indefensos, dependientes. Podemos venir con toda nuestra debilidad, nuestra locura, nuestra pecaminosidad, y caer a sus pies en penitencia. Es Su gloria rodearnos en los brazos de Su amor y vendar nuestras heridas, limpiarnos de toda impureza.

Aqui es donde miles fallan; ellos no creen que Jesus los perdona personalmente, individualmente. No le toman la palabra a Dios. Todos los que cumplen las condiciones tienen el privilegio de saber por sí mismos que el perdón se extiende gratuitamente por cada pecado. Olvida la sospecha de que las promesas de Dios no son para ti. Son para todo transgresor arrepentido. La fuerza y la gracia han sido provistas a través de Cristo para ser llevadas por ángeles ministradores a cada alma creyente. Nadie es tan pecador que no pueda encontrar fuerza, pureza y justicia en Jesús, quien murió por ellos. Él está esperando para despojarlos de sus vestiduras manchadas y contaminadas por el pecado, y para poner sobre ellos las blancas vestiduras de la justicia; Él les ordena vivir y no morir.

Dios no nos trata como los hombres finitos se tratan entre sí. Sus pensamientos son pensamientos de misericordia, de amor y de la más tierna compasión. Dice: "Deje el impío su camino, y el hombre inicuo sus pensamientos; y vuélvase al Señor, y él tendrá de él misericordia; y al Dios nuestro, porque él será amplio en perdonar". "He borrado, como nube espesa, tus rebeliones, y, como nubarrón, tus pecados". Isaías 55:7; 44:22.

"No me complazco en la muerte del que muere, dice el Señor Dios; convertíos, pues, y vivid". Ezequiel 18:32. Satanás está listo para robar las benditas seguridades de Dios. Desea arrebatar al alma todo atisbo de esperanza y todo rayo de luz; pero no debéis permitírselo. No escuches al tentador, sino di: "Jesús ha muerto para que yo viva. Él me ama y no quiere que yo perezca. Tengo un Padre celestial compasivo; y aunque haya abusado de su amor, aunque las bendiciones que me ha dado hayan sido malgastadas, me levantaré, iré a mi Padre y le diré: 'He pecado contra el cielo y contra ti, y ya no soy digno de ser llamado tu hijo: hazme como uno de tus jornaleros'." La parábola cuenta cómo será recibido el caminante: "Cuando aún estaba lejos, le vio su padre, y tuvo compasión, y corrió, y se echó sobre su cuello, y le besó". Lucas 15:18-20.

Pero incluso esta parábola, por tierna y conmovedora que sea, se queda corta para expresar la infinita compasión del Padre celestial. El Señor declara por medio de su profeta: "Con amor eterno te he amado; por eso con bondad amorosa te he atraído". Jeremías 31:3. Mientras el pecador está todavía lejos de la casa del Padre, malgastando sus bienes en un país extraño, el corazón del Padre suspira por él; y todo anhelo despertado en el alma para volver a Dios no es sino la tierna súplica de su Espíritu, cortejando, suplicando, atrayendo al errante al corazón de amor de su Padre.

Con las ricas promesas de la Biblia ante ti, ¿puedes dar lugar a la duda? ¿Puedes creer que cuando el pobre pecador anhela regresar, anhela abandonar sus pecados, el Señor le impide severamente venir a Sus pies en arrepentimiento? ¡Aléjate de tales pensamientos! Nada puede herir más tu propia alma que abrigar tal concepto de nuestro Padre celestial. Él odia el pecado, pero ama al pecador, y se entregó a Sí mismo en la persona de Cristo, para que todos los que quisieran pudieran ser salvos y tener bendición eterna en el reino de gloria. ¿Qué lenguaje más fuerte o más tierno podría haberse empleado que el que Él ha escogido para expresar Su amor hacia nosotros? Declara: "¿Acaso se olvidará la mujer de su niño de pecho, para no compadecerse del hijo de sus entrañas? sí, se olvidarán, pero yo no me olvidaré de ti". Isaías 49:15.

Levantad los ojos, los que dudáis y tembláis, porque Jesús vive para interceder por nosotros. Da gracias a Dios por el don de su querido Hijo y ruega para que no haya muerto por ti en vano. El Espíritu te invita hoy. Ven con todo tu corazón a Jesús, y podrás reclamar Su bendición.

Al leer las promesas, recuerda que son la expresión de un amor y una piedad indecibles. El gran corazón del Amor Infinito se siente atraído hacia el pecador con una compasión sin límites. "Tenemos redención por su sangre, el perdón de los pecados". Efesios 1:7. Sí, sólo cree que Dios es tu ayudador. Él quiere restaurar Su imagen moral en el hombre. A medida que te acerques a Él con confesión y arrepentimiento, Él se acercará a ti con misericordia y perdón.

Capítulo 7—La Prueba del Discipulado

"Si alguno está en Cristo, nueva criatura es; las cosas viejas pasaron; he aquí todas son hechas nuevas". 2 Corintios 5:17.

Una persona puede no ser capaz de decir el tiempo exacto o el lugar, o trazar toda la cadena de circunstancias en el proceso de conversión; pero esto no prueba que sea un inconverso. Cristo dijo a Nicodemo: "El viento sopla donde quiere, y oyes su sonido, pero no sabes de dónde viene ni a dónde va; así es todo aquel que ha nacido del Espíritu." Juan 3:8. Como el viento, que es invisible, pero cuyos efectos se ven y se sienten claramente, es el Espíritu de Dios en su obra sobre el corazón humano. Ese poder regenerador, que ningún ojo humano puede ver, engendra una nueva vida en el alma; crea un nuevo ser a imagen de Dios. Aunque la obra del Espíritu es silenciosa e imperceptible, sus efectos son manifiestos. Si el corazón ha sido renovado por el Espíritu de Dios, la vida dará testimonio de ello. Aunque no podemos hacer nada para cambiar nuestros corazones o para ponernos en armonía con Dios; aunque no debemos confiar en absoluto en nosotros mismos o en nuestras buenas obras, nuestras vidas revelarán si la gracia de Dios mora en nosotros. Se verá un cambio en el carácter, en los hábitos, en los afanes. El contraste será claro y decidido entre lo que han sido y lo que son. El carácter se revela, no por las buenas acciones ocasionales y las malas acciones ocasionales, sino por la tendencia de las palabras y los actos habituales.

Es cierto que puede haber una corrección externa de conducta sin el poder renovador de Cristo. El amor a las influencias y el deseo de la estima de los demás pueden producir una vida ordenada. El amor propio puede llevarnos a evitar la apariencia del mal. Un corazón egoísta puede realizar acciones generosas. ¿Por qué medios, entonces, determinaremos de qué lado estamos?

¿Quién tiene el corazón? ¿Con quién están nuestros pensamientos? ¿De quién nos gusta hablar? ¿Quién tiene nuestros afectos más cálidos y nuestras mejores energías? Si somos de Cristo, nuestros pensamientos están con Él, y nuestros pensamientos más dulces son de Él. Todo lo que tenemos y somos está consagrado a Él. Anhelamos llevar Su imagen, respirar Su espíritu, hacer Su voluntad y agradarle en todas las cosas.

Los que llegan a ser nuevas criaturas en Cristo Jesús producirán los frutos del Espíritu, "amor, gozo, paz, paciencia, benignidad, bondad, fe, mansedumbre, templanza." Gálatas 5:22, 23. Ya no se amoldarán a los deseos anteriores, sino que por la fe en el Hijo de Dios seguirán sus pasos, reflejarán su carácter y se purificarán a sí mismos como él es puro. Lo que antes odiaban, ahora lo aman, y lo que antes amaban, ahora lo odian. Los orgullosos y arrogantes se vuelven mansos y humildes de corazón. Los vanidosos y soberbios se vuelven serios y discretos. Los borrachos se vuelven sobrios, y los libertinos puros. Las vanas costumbres y modas del mundo se dejan a un lado. Los cristianos no buscarán el "adorno exterior", sino "el hombre oculto del corazón, en lo que no es corruptible, el ornato de un espíritu manso y apacible." 1 Pedro 3:3, 4.

No hay evidencia de arrepentimiento genuino a menos que produzca reforma. Si restaura la prenda, vuelve a dar lo que había robado, confiesa sus pecados y ama a Dios y a sus semejantes, el pecador puede estar seguro de que ha pasado de muerte a vida.

Cuando, como seres errantes y pecadores, venimos a Cristo y nos hacemos partícipes de su gracia perdonadora, el amor brota en el corazón. Toda carga es ligera, porque el yugo que Cristo impone es fácil. El deber se convierte en una delicia, y el sacrificio en un placer. El camino que antes parecía envuelto en tinieblas, se ilumina con los rayos del Sol de Justicia.

La belleza del carácter de Cristo se verá en sus seguidores. Su deleite era hacer la voluntad de Dios. El amor a Dios, el celo por su gloria, era el poder que controlaba la vida de nuestro Salvador. El amor embelleció y ennobleció todas sus acciones. El amor es de Dios. El corazón no consagrado no puede originarlo ni producirlo. Sólo se encuentra en el corazón donde reina Jesús. "Nosotros amamos, porque Él nos amó primero". 1 Juan 4:19, R.V. En el corazón renovado por la gracia divina, el amor es el principio de la acción. Modifica el carácter, gobierna los impulsos, controla las pasiones, somete la enemistad y ennoblece los afectos. Este amor, abrigado en el alma, endulza la vida y ejerce una influencia purificadora sobre todo lo que le rodea.

Hay dos errores contra los cuales los hijos de Dios - particularmente los que acaban de confiar en su gracia- necesitan guardarse especialmente. El primero, sobre el cual ya hemos hablado, es el de mirar a sus propias obras, confiando en cualquier cosa que puedan hacer, para ponerse en armonía con Dios. El que trata de hacerse santo por sus propias obras, guardando la ley, está intentando algo imposible. Todo lo que el hombre puede hacer sin Cristo está contaminado con egoísmo y pecado. Es sólo la gracia de Cristo, a través de la fe, la que puede hacernos santos.

El error opuesto y no menos peligroso es que la creencia en Cristo libera a los hombres de guardar la ley de Dios; que puesto que sólo por la fe nos hacemos partícipes de la gracia de Cristo, nuestras obras no tienen nada que ver con nuestra redención.

Pero observen aquí que la obediencia no es un mero cumplimiento exterior, sino el servicio del amor. La ley de Dios es una expresión de su misma naturaleza; es una encarnación del gran principio del amor, y por lo tanto es el fundamento de su gobierno en el cielo y en la tierra. Si nuestros corazones se renuevan a semejanza de Dios, si el amor divino se implanta en el alma, ¿no se cumplirá la ley de Dios en la vida? Cuando el principio del amor se implanta en el corazón, cuando el hombre se renueva a imagen de Aquel que lo creó, se cumple la promesa del nuevo pacto: "Pondré mis leyes en sus corazones, y en sus mentes las escribiré". Hebreos 10:16. Y si la ley está escrita en el corazón, ¿no dará forma a la vida? La obediencia -el servicio y la lealtad de amor- es la verdadera señal del discipulado. Así dice la Escritura: "Este es el amor a Dios, que guardemos sus mandamientos". "El que dice: Yo le conozco, y no guarda sus mandamientos, el tal es mentiroso, y la verdad no está en él". 1 Juan 5:3; 2:4. En vez de liberar al hombre de la obediencia, es la fe, y sólo la fe, la que nos hace partícipes de la gracia de Cristo, que nos capacita para rendir obediencia.

No nos ganamos la salvación con nuestra obediencia, pues la salvación es don gratuito de Dios, que se recibe por la fe. Pero la obediencia es fruto de la fe. "Vosotros sabéis que él fue manifestado para quitar nuestros pecados; y no hay pecado en él. El que permanece en él no peca; el que peca no le ha visto, ni le ha conocido". 1 Juan 3:5, 6. Aquí está la verdadera prueba. Si permanecemos en Cristo, si el amor de Dios mora en nosotros, nuestros sentimientos, nuestros pensamientos, nuestros propósitos, nuestras acciones, estarán en armonía con la voluntad de Dios expresada en los preceptos de su santa ley. "Hijitos, nadie os engañe; el que hace justicia es justo, como él también es justo". 1 Juan 3:7. La justicia se define por la norma de la santa ley de Dios, expresada en los diez preceptos dados en el Sinaí.

Esa supuesta fe en Cristo que profesa liberar a los hombres de la obligación de obedecer a Dios, no es fe, sino presunción. "Por gracia sois salvos por medio de la fe". Pero "la fe, si no tiene obras, está muerta". Efesios 2:8; Santiago 2:17. Jesús dijo de sí mismo antes de venir a la tierra: "Me complazco en hacer tu voluntad, oh Dios mío; sí, tu ley está dentro de mi corazón." Salmo 40:8. Y justo antes de ascender de nuevo al cielo declaró: "He guardado los mandamientos de mi Padre, y permanezco en su amor." Juan 15:10. La Escritura dice: "En esto sabemos que le conocemos, si guardamos sus mandamientos..... El que dice que permanece en Él, debe andar como Él anduvo". 1 Juan 2:3-6. "Porque también Cristo padeció por nosotros, dejándonos ejemplo, para que sigáis sus pisadas". 1 Pedro 2:21.

La condición de la vida eterna es ahora lo que siempre ha sido, lo que era en el Paraíso antes de la caída de nuestros primeros padres: obediencia perfecta a la ley de Dios, justicia perfecta. Si se concediera la vida eterna bajo cualquier condición que no fuera ésta, se pondría en peligro la felicidad de todo el universo. Se abriría el camino para que el pecado, con toda su retahíla de infortunios y miserias, fuera inmortalizado.

Era posible para Adán, antes de la caída, formar un carácter justo mediante la obediencia a la ley de Dios. Pero no lo hizo, y debido a su pecado, nuestra naturaleza está caída y no podemos hacernos justos. Puesto que somos pecadores, impíos, no podemos obedecer perfectamente la santa ley. No tenemos justicia propia con la que responder a las exigencias de la ley de Dios. Pero Cristo ha hecho un camino de escape para nosotros. Él vivió en la tierra en medio de pruebas y tentaciones como las que nosotros tenemos que enfrentar. Vivió una vida sin pecado. Murió por nosotros, y ahora se ofrece a tomar nuestros pecados y darnos su justicia. Si te entregas a Él y lo aceptas como tu Salvador, entonces, por pecaminosa que haya sido tu vida, por Su causa eres considerado justo. El carácter de Cristo sustituye al tuyo, y eres aceptado ante Dios como si no hubieras pecado.

Más que esto, Cristo cambia el corazón. Él permanece en tu corazón por la fe. Debes mantener esta conexión con Cristo por la fe y la continua entrega de tu voluntad a Él; y mientras hagas esto, Él obrará en ti para querer y hacer según Su beneplácito. Así puedes decir: "La vida que ahora vivo en la carne, la vivo en la fe del Hijo de Dios, el cual me amó y se entregó a sí mismo por mí". Gálatas 2:20. Así dijo Jesús a sus discípulos: "No sois vosotros los que habláis, sino el Espíritu de vuestro Padre que habla en vosotros." Mateo 10:20. Entonces con Cristo obrando en ustedes, manifestarán el mismo espíritu y harán las mismas buenas obras-obras de justicia, obediencia.

Así que no tenemos nada en nosotros mismos de lo que jactarnos. No tenemos ningún motivo de autoexaltación. Nuestro único motivo de esperanza está en la justicia de Cristo que se nos imputa, y en la que obra Su Espíritu en nosotros y a través de nosotros.

Cuando hablamos de fe, hay que tener en cuenta una distinción. Hay una clase de creencia que es totalmente distinta de la fe. La existencia y el poder de Dios, la verdad de su palabra, son hechos que ni siquiera Satanás y sus huestes pueden negar en el fondo. La Biblia dice que "también los demonios creen, y tiemblan"; pero esto no es fe. Santiago 2:19. Donde hay no sólo creencia en la palabra de Dios, sino sumisión de la voluntad a él; donde el corazón está rendido a él, los afectos fijos en él, hay fe; fe que obra por amor y purifica el alma. Por esta fe el corazón se renueva a imagen de Dios. Y el corazón que en su estado no renovado no está sujeto a la ley de Dios, ni puede estarlo, ahora se deleita en sus santos preceptos, exclamando con el salmista: "¡Cuánto amo tu ley! es mi meditación todo el día". Salmo 119:97. Y la justicia de la ley se cumple en nosotros, "que no andamos conforme a la carne, sino conforme al Espíritu". Romanos 8:1.

Hay quienes han conocido el amor perdonador de Cristo y desean realmente ser hijos de Dios, pero se dan cuenta de que su carácter es imperfecto, su vida defectuosa, y están dispuestos a dudar de que sus corazones hayan sido renovados por el Espíritu Santo. A ellos les diría: "No retrocedan en la desesperación. A menudo tendremos que postrarnos y llorar a los pies de Jesús a causa de nuestros defectos y errores, pero no debemos desanimarnos. Aunque nos venza el enemigo, no estamos desechados, ni abandonados ni rechazados por Dios. No; Cristo está a la diestra de Dios, quien también intercede por nosotros. Dijo el amado Juan: "Estas cosas os escribo para que no pequéis. Y si alguno hubiere pecado, abogado tenemos para con el Padre, a

Jesucristo el justo". 1 Juan 2:1. Y no olvidéis las palabras de Cristo: "El Padre mismo os ama". Juan 16:27. Él desea restaurarte a Sí mismo, ver Su propia pureza y santidad reflejadas en ti. Y si te entregas a él, el que comenzó en ti la buena obra la llevará adelante hasta el día de Jesucristo. Ora más fervientemente; cree más plenamente. A medida que lleguemos a desconfiar de nuestro propio poder, confiemos en el poder de nuestro Redentor, y alabaremos a Aquel que es la salud de nuestro rostro.

Cuanto más te acerques a Jesús, más defectuoso parecerás a tus propios ojos; porque tu visión será más clara, y tus imperfecciones se verán en amplio y claro contraste con su naturaleza perfecta. Esto es prueba de que los engaños de Satanás han perdido su poder; de que la influencia vivificadora del Espíritu de Dios te está despertando.

Ningún amor profundo por Jesús puede morar en el corazón que no se da cuenta de su propia pecaminosidad. El alma que es transformada por la gracia de Cristo admirará su carácter divino; pero si no vemos nuestra propia deformidad moral, es evidencia inequívoca de que no hemos tenido una visión de la belleza y excelencia de Cristo.

Cuanto menos nos estimemos a nosotros mismos, más nos estimaremos en la infinita pureza y hermosura de nuestro Salvador. Una visión de nuestra pecaminosidad nos lleva a Aquel que puede perdonar; y cuando el alma, dándose cuenta de su impotencia, busca a Cristo, Él se revelará con poder. Cuanto más nos impulse nuestro sentido de necesidad hacia Él y hacia la palabra de Dios, más exaltada será la visión que tendremos de su carácter, y más plenamente reflejaremos su imagen.

Capítulo 8—Crecer en Cristo

El cambio de corazón por el que nos convertimos en hijos de Dios es considerado en la Biblia como un nacimiento. También se compara con la germinación de la buena semilla sembrada por el labrador. Del mismo modo, los que acaban de convertirse a Cristo han de "crecer como niños recién nacidos" hasta alcanzar la estatura de hombres y mujeres en Cristo Jesús. 1 Pedro 2:2; Efesios 4:15. O como la buena semilla sembrada en el campo, han de crecer y dar fruto. Isaías dice que "serán llamados árboles de justicia, plantío de Jehová, para que él sea glorificado". Isaías 61:3. Así pues, de la vida natural se extraen ilustraciones que nos ayudan a comprender mejor las misteriosas verdades de la vida espiritual.

Ni toda la sabiduría y habilidad del hombre pueden producir vida en el más pequeño objeto de la naturaleza. Sólo a través de la vida que Dios mismo ha impartido, puede vivir una planta o un animal. De la misma manera, la vida espiritual sólo se engendra en el corazón de los hombres por medio de la vida de Dios. A menos que un hombre "nazca de lo alto", no puede llegar a ser partícipe de la vida que Cristo vino a dar. Juan 3:3, margen.

Como ocurre con la vida, así ocurre con el crecimiento. Es Dios quien hace florecer el capullo y fructificar la flor. Es por Su poder que la semilla se desarrolla, "primero la hoja, luego la espiga, después el grano lleno en la espiga". Marcos 4:28. Y el profeta Oseas dice de Israel, que "crecerá como el lirio". "Revivirán como el grano, y crecerán como la vid". Oseas 14:5,

7. Y Jesús nos manda "considerar los lirios cómo crecen". Lucas 12:27. Las plantas y las flores crecen no por su propio cuidado o ansiedad o esfuerzo, sino recibiendo lo que Dios ha provisto para ministrar a su vida. El niño no puede, por ninguna ansiedad o poder propio, aumentar su estatura. Tampoco puedes tú, por ansiedad o esfuerzo propio, asegurar el crecimiento espiritual. La planta, el niño, crece recibiendo de su entorno lo que le ayuda a vivir: aire, sol y alimento. Lo que estos dones de la naturaleza son para el animal y la planta, así es Cristo para aquellos que confían en Él. Él es su "luz eterna", "sol y escudo". Isaías 60:19; Salmo 84:11. Será como "el rocío para Israel". "Descenderá como la lluvia sobre la hierba segada". Oseas 14:5; Salmo 72:6. Él es el agua viva, "el Pan de Dios… que desciende del cielo y da vida al mundo". Juan 6:33.

En el don incomparable de su Hijo, Dios ha rodeado al mundo entero con una atmósfera de gracia tan real como el aire que circula por el globo. Todos los que decidan respirar esta atmósfera vivificante vivirán y crecerán hasta alcanzar la estatura de hombres y mujeres en Cristo Jesús.

Como la flor se vuelve hacia el sol, para que los rayos brillantes la ayuden a perfeccionar su belleza y simetría, así debemos volvernos hacia el Sol de Justicia, para que la luz del cielo brille sobre nosotros, para que nuestro carácter se desarrolle a semejanza de Cristo.

Jesús enseña lo mismo cuando dice: "Permaneced en Mí, y Yo en vosotros. Como el sarmiento no puede llevar fruto por sí mismo, si no permanece en la vid, así tampoco vosotros, si no permanecéis en Mí..... Sin Mí nada podéis hacer". Juan 15:4, 5. Usted depende tanto de Cristo para vivir una vida santa, como el sarmiento depende de la cepa madre para crecer y dar fruto. Aparte de Él no tienes vida. No tienes poder para resistir la tentación o para crecer en gracia y santidad. Permaneciendo en Él, puedes florecer. Sacando tu vida de Él, no te marchitarás ni serás infructuoso. Serás como un árbol plantado junto a los ríos de agua.

Muchos tienen la idea de que deben hacer solos alguna parte de la obra. Han confiado en Cristo para el perdón de los pecados, pero ahora buscan por sus propios esfuerzos vivir correctamente. Pero todo esfuerzo de este tipo debe fracasar. Jesús dice: "Sin mí nada podéis hacer". Nuestro crecimiento en la gracia, nuestro gozo, nuestra utilidad, todo depende de nuestra unión con Cristo. Es por la comunión con Él, diariamente, cada hora, permaneciendo en Él, que debemos crecer en gracia. Él no sólo es el Autor, sino también el Consumador de nuestra fe. Es Cristo primero y último y siempre. Él ha de estar con nosotros, no sólo al principio y al final de nuestro camino, sino a cada paso del mismo. David dice: "A Jehová he puesto siempre delante de mí; porque está a mi diestra, no seré conmovido". Salmo 16:8.

¿Te preguntas: "Cómo he de permanecer en Cristo"? De la misma manera que lo recibisteis al principio. "Así que, de la manera que recibisteis a Cristo Jesús el Señor, andad en Él". "El justo vivirá por la fe". Colosenses 2:6; Hebreos 10:38. Te entregaste a Dios, para ser enteramente suyo, para servirle y obedecerle, y tomaste a Cristo como tu Salvador. Tú mismo no podías expiar tus pecados ni cambiar tu corazón; pero habiéndote entregado a Dios, crees que Él, por amor a Cristo, hizo todo esto por ti. Por la fe llegaste a ser de Cristo, y por la fe debes crecer en Él, dando y recibiendo. Debes darlo todo: tu corazón, tu voluntad, tu servicio; entregarte a Él para obedecer todos sus requerimientos; y debes tomarlo todo: a Cristo, la plenitud de toda bendición, para que habite en tu corazón, para que sea tu fuerza, tu justicia, tu ayuda eterna; para que te dé poder para obedecer.

Conságrate a Dios por la mañana; haz de esto tu primera obra. Que tu oración sea: "Tómame, Señor, como enteramente Tuyo. Pongo todos mis planes a tus pies. Úsame hoy en tu servicio. Quédate conmigo, y que toda mi obra se realice en Ti". Este es un asunto diario. Cada mañana conságrate a Dios para ese día. Entrégale todos tus planes, para que se lleven a cabo o se abandonen, según lo indique Su providencia. Así, día a día, podrás ir entregando tu vida en las manos de Dios, y así tu vida se irá moldeando más y más según la vida de Cristo.

Una vida en Cristo es una vida de descanso. Puede que no haya éxtasis de sentimientos, pero debe haber una confianza permanente y pacífica. Tu esperanza no está en ti mismo; está en Cristo. Tu debilidad está unida a Su fuerza, tu ignorancia a Su sabiduría, tu fragilidad a Su poder perdurable. Por lo tanto, no debes mirarte a ti mismo, no debes dejar que la mente habite en ti mismo, sino que debes mirar a Cristo. Deja que la mente se detenga en Su amor, en la belleza, en la perfección de Su carácter. Cristo en Su abnegación, Cristo en Su humillación, Cristo en Su pureza y santidad, Cristo en Su amor incomparable: éste es el tema para la contemplación del alma. Es amándolo, copiándolo, dependiendo enteramente de Él, que has de ser transformado a Su semejanza.

Jesús dice: "Permaneced en Mí". Estas palabras transmiten la idea de descanso, estabilidad, confianza. De nuevo invita: "Venid a Mí, ... y Yo os haré descansar". Mateo 11:28. Las palabras del salmista expresan el mismo pensamiento: "Descansad en el Señor, y esperadle pacientemente". E Isaías da la seguridad: "En la quietud y en la confianza estará tu fortaleza". Salmo 37:7; Isaías 30:15. Este descanso no se halla en la inactividad; porque en la invitación del Salvador la promesa del descanso va unida al llamamiento al trabajo: "Llevad mi yugo sobre vosotros: … y hallaréis descanso". Mateo 11:29. El corazón que descansa más plenamente en Cristo será más ferviente y activo en la labor por él.

Cuando la mente se fija en sí misma, se aparta de Cristo, fuente de fuerza y vida. De ahí el esfuerzo constante de Satanás por mantener la atención desviada del Salvador e impedir así la unión y comunión del alma con Cristo. Los placeres del mundo, las preocupaciones, las perplejidades y las penas de la vida, las faltas de los demás, o tus propias faltas e imperfecciones: a cualquiera de estas cosas o a todas ellas tratará de desviar la mente. No te dejes engañar por sus artimañas. A muchos que son realmente conscientes y que desean vivir para Dios, con demasiada frecuencia los lleva a pensar en sus propias faltas y debilidades, y así, separándolos de Cristo, espera obtener la victoria. No debemos hacer del yo el centro y permitirnos la ansiedad y el temor de si seremos salvos. Todo esto aleja al alma de la Fuente de nuestra fuerza. Encomienda a Dios el cuidado de tu alma y confía en Él. Habla y piensa en Jesús. Déjate perder en Él. Aleja toda duda; desecha tus temores. Di con el apóstol Pablo: "Vivo yo, pero no yo, sino que Cristo vive en mí; y lo que ahora vivo en la carne, lo vivo en la fe del Hijo de Dios, el cual me amó y se entregó a sí mismo por mí." Gálatas 2:20. Descansa en Dios. Él es capaz de guardar lo que le has confiado. Si te dejas en Sus manos, Él te sacará más que vencedor por medio de Aquel que te amó.

Cuando Cristo tomó sobre sí la naturaleza humana, ató a la humanidad a sí mismo por un lazo de amor que nunca puede ser roto por ningún poder, excepto por la elección del hombre mismo. Satanás presentará constantemente seducciones para inducirnos a romper este lazo, para que elijamos separarnos de Cristo. Aquí es donde debemos velar, esforzarnos, orar, para que nada nos seduzca a escoger otro señor; porque siempre somos libres de hacerlo. Pero mantengamos nuestros ojos fijos en Cristo, y Él nos preservará. Mirando a Jesús, estamos seguros. Nada puede arrancarnos de Su mano. Al contemplarlo constantemente, "somos transformados de gloria en gloria en la misma imagen, como por el Espíritu del Señor". 2 Corintios 3:18.

Fue así como los primeros discípulos adquirieron su semejanza con el querido Salvador. Cuando aquellos discípulos oyeron las palabras de Jesús, sintieron su necesidad de Él. Lo buscaron, lo encontraron, lo siguieron. Estaban con Él en la casa, en la mesa, en el armario, en el campo. Estaban con Él como alumnos con un maestro, recibiendo diariamente de sus labios lecciones de la santa verdad. Le miraban, como siervos a su señor, para aprender su deber. Aquellos discípulos eran hombres "sujetos a pasiones semejantes a las nuestras". Santiago 5:17. Tenían que librar la misma batalla contra el pecado. Necesitaban la misma gracia para vivir una vida santa.

Incluso Juan, el discípulo amado, el que más plenamente reflejaba la semejanza del Salvador, no poseía naturalmente esa hermosura de carácter. No sólo era egocéntrico y ambicioso de honores, sino también impetuoso y resentido ante las injurias. Pero cuando se le manifestó el carácter del Divino, vio su propia deficiencia y se humilló al saberlo. La fuerza y la paciencia, el poder y la ternura, la majestad y la mansedumbre, que contemplaba en la vida diaria del Hijo de Dios, llenaban su alma de admiración y amor. Día tras día, su corazón se sentía atraído hacia Cristo, hasta que se perdió de vista a sí mismo en el amor por su Maestro. Su temperamento resentido y ambicioso se sometió al poder moldeador de Cristo. La influencia regeneradora del Espíritu Santo renovó su corazón. El poder del amor de Cristo transformó su carácter. Este es el resultado seguro de la unión con Jesús. Cuando Cristo mora en el corazón, toda la naturaleza se transforma. El Espíritu de Cristo, su amor, ablanda el corazón, subyuga el alma y eleva los pensamientos y deseos hacia Dios y el cielo.

Cuando Cristo ascendió al cielo, la sensación de su presencia seguía estando con sus seguidores. Era una presencia personal, llena de amor y de luz. Jesús, el Salvador, que había caminado y hablado y orado con ellos, que había hablado de esperanza y consuelo a sus corazones, había sido arrebatado de ellos al cielo, mientras el mensaje de paz aún estaba en sus labios, y los tonos de su voz habían vuelto a ellos, mientras la nube de ángeles lo recibía: "He aquí yo estoy con vosotros todos los días, hasta el fin del mundo". Mateo 28:20. Había ascendido al cielo en forma humana. Sabían que estaba ante el trono de Dios, que seguía siendo su Amigo y Salvador; que sus simpatías no habían cambiado; que seguía identificado con la humanidad sufriente. Estaba presentando ante Dios los méritos de su propia sangre preciosa, mostrando sus manos y pies heridos, en recuerdo del precio que había pagado por sus redimidos. Sabían que había ascendido al cielo para prepararles un lugar, y que volvería otra vez y los llevaría consigo.

Cuando se reunieron después de la ascensión, estaban ansiosos por presentar sus peticiones al Padre en el nombre de Jesús. Con solemne temor se inclinaron en oración, repitiendo la seguridad: "Todo lo que pidiereis al Padre en mi nombre, os lo dará. Hasta ahora nada habéis pedido en mi nombre: pedid, y recibiréis, para que vuestro gozo sea cumplido." Juan 16:23, 24. Extendieron la mano de la fe cada vez más alto con el poderoso argumento: "Cristo es el que murió, más aún, el que resucitó, el que está a la diestra de Dios, el que también intercede por nosotros." Romanos 8:34. Y Pentecostés les trajo la presencia del Consolador, de quien Cristo había dicho: "estará en vosotros". Y había dicho además: "Os conviene que yo me vaya; porque si no me fuere, el Consolador no vendrá a vosotros; pero si me fuere, os lo enviaré". Juan 14:17; 16:7. En adelante, por medio del Espíritu, Cristo debía morar continuamente en el corazón de sus hijos. Su unión con él era más estrecha que cuando estaba personalmente con ellos. La luz, el amor y el poder de Cristo resplandecían a través de ellos, de modo que los hombres, al contemplarlos, "se maravillaban, y conocían que habían estado con Jesús". Hechos 4:13.

Todo lo que Cristo fue para los discípulos, desea serlo hoy para sus hijos; porque en aquella última oración, con el pequeño grupo de discípulos reunidos a su alrededor, dijo: "No ruego sólo por éstos, sino también por los que han de creer en mí por la palabra de ellos." Juan 17:20.

Jesús oró por nosotros y pidió que fuéramos uno con Él, como Él es uno con el Padre. ¡Qué unión es ésta! El Salvador ha dicho de sí mismo: "El Hijo no puede hacer nada por sí mismo"; "el Padre que mora en mí, él hace las obras". Juan 5:19; 14:10. Entonces, si Cristo mora en nuestros corazones, obrará en nosotros "así el querer como el hacer, por su buena voluntad". Filipenses 2:13. Obraremos como Él obró; manifestaremos el mismo espíritu. Y así, amándole y permaneciendo en Él, "creceremos en todo en aquel que es la cabeza, esto es, Cristo". Efesios 4:15.

Capítulo 9—La Obra y la Vida

Dios es la fuente de vida, luz y alegría del universo. Como los rayos de luz del sol, como las corrientes de agua que brotan de un manantial vivo, de Él brotan bendiciones para todas sus criaturas. Y dondequiera que la vida de Dios esté en los corazones de los hombres, fluirá hacia los demás en amor y bendición.

El gozo de nuestro Salvador estaba en la elevación y redención de los hombres caídos. Por esto no estimó preciosa su vida, sino que soportó la cruz, menospreciando el oprobio. Así los ángeles están siempre ocupados en trabajar por la felicidad de los demás. Esta es su alegría. Lo que los corazones egoístas considerarían como un servicio humillante, servir a los que son desdichados y en todo inferiores en carácter y rango, es la obra de los ángeles sin pecado. El espíritu del amor abnegado de Cristo es el espíritu que impregna el cielo y es la esencia misma de su dicha. Este es el espíritu que poseerán los seguidores de Cristo, la obra que realizarán.

Cuando el amor de Cristo se encierra en el corazón, no puede ocultarse como una dulce fragancia. Su santa influencia será sentida por todos aquellos con quienes entremos en contacto. El espíritu de Cristo en el corazón es como un manantial en el desierto, que fluye para refrescar a todos y hace que los que están a punto de perecer, estén deseosos de beber del agua de la vida.

El amor a Jesús se manifestará en el deseo de trabajar como Él trabajó para la bendición y elevación de la humanidad.

Llevará al amor, la ternura y la simpatía hacia todas las criaturas del cuidado de nuestro Padre celestial.

La vida del Salvador en la tierra no fue una vida de facilidad y devoción a Sí mismo, sino que trabajó con esfuerzo persistente, serio e incansable por la salvación de la humanidad perdida. Desde el pesebre hasta el Calvario siguió el camino de la abnegación y no quiso ser liberado de arduas tareas, dolorosos viajes y agotadores cuidados y trabajos. Dijo: "El Hijo del hombre no vino a ser servido, sino a servir, y a dar su vida en rescate por muchos". Mateo 20:28. Este era el único gran objetivo de su vida. Todo lo demás era secundario y subordinado. Su comida y bebida era hacer la voluntad de Dios y terminar su obra. El yo y el interés propio no tenían parte en su labor.

De modo que los que participan de la gracia de Cristo estarán dispuestos a hacer cualquier sacrificio, para que otros por quienes Él murió puedan compartir el don celestial. Harán todo lo que puedan para que el mundo sea mejor por su permanencia en él. Este espíritu es el resultado seguro de un alma verdaderamente convertida. Tan pronto como uno viene a Cristo, nace en su corazón el deseo de dar a conocer a los demás el precioso amigo que ha encontrado en Jesús; la verdad salvadora y santificadora no puede encerrarse en su corazón. Si estamos revestidos de la justicia de Cristo y llenos del gozo de su Espíritu que mora en nosotros, no podremos callar. Si hemos gustado y visto que el Señor es bueno, tendremos algo que contar. Como Felipe cuando encontró al Salvador, invitaremos a otros a su presencia. Trataremos de presentarles los atractivos de Cristo y las realidades invisibles del mundo venidero. Habrá un intenso deseo de seguir el camino que Jesús recorrió. Habrá un anhelo ferviente de que los que nos rodean puedan "contemplar al Cordero de Dios, que quita el pecado del mundo". Juan 1:29.

Y el esfuerzo por bendecir a los demás repercutirá en bendiciones sobre nosotros mismos. Este fue el propósito de Dios al darnos una parte para actuar en el plan de la redención. Ha concedido a los hombres el privilegio de llegar a ser partícipes de la naturaleza divina y, a su vez, de difundir bendiciones a sus semejantes. Este es el mayor honor y la mayor alegría que Dios puede conceder a los hombres. Los que así se hacen partícipes de las obras de amor se acercan más a su Creador.

Dios podría haber encomendado el mensaje del evangelio, y toda la obra del ministerio amoroso, a los ángeles celestiales. Podría haber empleado otros medios para cumplir su propósito. Pero en su infinito amor eligió hacernos colaboradores suyos, de Cristo y de los ángeles, para que pudiéramos compartir la bendición, el gozo, la elevación espiritual que resulta de este ministerio desinteresado.

Por la comunión de sus sufrimientos, entramos en simpatía con Cristo. Cada acto de abnegación por el bien de los demás fortalece el espíritu de beneficencia en el corazón del dador, uniéndolo más estrechamente al Redentor del mundo, que "siendo rico, se hizo pobre por vosotros, para que vosotros con su pobreza fueseis enriquecidos". 2 Corintios 8:9. Y sólo en la medida en que cumplamos así el propósito divino en nuestra creación, la vida podrá ser una bendición para nosotros.

Si te pones a trabajar como Cristo quiere que lo hagan sus discípulos, y ganas almas para Él, sentirás la necesidad de una experiencia más profunda y un mayor conocimiento de las cosas divinas, y tendrás hambre y sed de justicia. Suplicaréis a Dios, y vuestra fe se fortalecerá, y vuestra alma beberá más profundamente en el pozo de la salvación. La oposición y las pruebas te llevarán a la Biblia y a la oración. Crecerás en gracia y en el conocimiento de Cristo, y desarrollarás una rica experiencia.

El espíritu de trabajo desinteresado por los demás da profundidad, estabilidad y la belleza de Cristo al carácter, y trae paz y felicidad a su poseedor. Las aspiraciones se elevan. No hay lugar para la pereza o el egoísmo. Los que ejercitan así las gracias cristianas crecerán y se harán fuertes para trabajar por Dios. Tendrán percepciones espirituales claras, una fe firme y creciente, y un mayor poder en la oración. El Espíritu de Dios, moviéndose sobre su espíritu, hace surgir las sagradas armonías del alma en respuesta al toque divino. Aquellos que así se dedican a un esfuerzo desinteresado por el bien de los demás, con toda seguridad están trabajando en su propia salvación.

La única manera de crecer en la gracia es hacer desinteresadamente el trabajo que Cristo nos ha encomendado: dedicarnos, en la medida de nuestra capacidad, a ayudar y bendecir a los que necesitan la ayuda que podemos darles. La fuerza viene por el ejercicio; la actividad es la condición misma de la vida. Aquellos que se esfuerzan por mantener la vida cristiana aceptando pasivamente las bendiciones que vienen a través de los medios de gracia, y sin hacer nada por Cristo, están simplemente tratando de vivir comiendo sin trabajar. Y en el mundo espiritual como en el natural, esto siempre resulta en degeneración y decadencia. Un hombre que rehusara ejercitar sus miembros pronto perdería todo poder para usarlos. Así, el cristiano que no ejercita los poderes que Dios le ha dado, no sólo no crece en Cristo, sino que pierde la fuerza que ya tenía.

La Iglesia de Cristo es la agencia designada por Dios para la salvación de los hombres. Su misión es llevar el Evangelio al mundo. Y la obligación recae sobre todos los cristianos. Cada uno, en la medida de su talento y oportunidad, debe cumplir la comisión del Salvador. El amor de Cristo, revelado a nosotros, nos hace deudores de todos los que no le conocen. Dios nos ha dado la luz, no para nosotros solos, sino para derramarla sobre ellos.

Si los seguidores de Cristo estuvieran despiertos al deber, habría miles donde hoy hay uno proclamando el evangelio en tierras paganas. Y todos los que no pudieran comprometerse personalmente en la obra, la sostendrían con sus medios, su simpatía y sus oraciones. Y habría una labor mucho más ferviente por las almas en los países cristianos.

No necesitamos ir a tierras paganas, ni siquiera salir del estrecho círculo del hogar, si es allí donde está nuestro deber, para trabajar por Cristo. Podemos hacerlo en el círculo del hogar, en la iglesia, entre aquellos con quienes nos asociamos y con quienes hacemos negocios.

La mayor parte de la vida de nuestro Salvador en la tierra la pasó trabajando pacientemente en la carpintería de Nazaret. Ángeles ministradores asistían al Señor de la vida mientras caminaba codo a codo con campesinos y obreros, sin ser reconocido ni honrado. Cumplía su misión tan fielmente mientras trabajaba en su humilde oficio como cuando curaba a los enfermos o caminaba sobre las olas de Galilea azotadas por la tempestad. Así, en los deberes más humildes y en las posiciones más bajas de la vida, podemos caminar y trabajar con Jesús.

El apóstol dice: "Cada uno, en aquello a que es llamado, permanezca en ello con Dios". 1 Corintios 7:24. El hombre de negocios puede conducir sus negocios de una manera que glorificará a su Maestro debido a su fidelidad. Si es un verdadero seguidor de Cristo, llevará su religión a todo lo que haga y revelará a los hombres el espíritu de Cristo. El mecánico puede ser un representante diligente y fiel de Aquel que trabajó en los humildes caminos de la vida entre las colinas de Galilea. Todo el que lleva el nombre de Cristo debe obrar de tal manera que los demás, al ver sus buenas obras, se sientan inducidos a glorificar a su Creador y Redentor.

Muchos se han excusado de entregar sus dones al servicio de Cristo porque otros poseían dotes y ventajas superiores. Ha prevalecido la opinión de que sólo aquellos que son especialmente talentosos deben consagrar sus habilidades al servicio de Dios. Muchos han llegado a entender que los talentos se conceden sólo a una cierta clase favorecida, con exclusión de otros que, por supuesto, no están llamados a compartir las fatigas o las recompensas. Pero no es así como se representa en la parábola. Cuando el dueño de la casa llamó a sus siervos, dio a cada uno su trabajo.

Con espíritu amoroso podemos realizar los deberes más humildes de la vida "como para el Señor". Colosenses 3:23. Si el amor de Dios está en el corazón, se manifestará en la vida. El dulce sabor de Cristo nos rodeará, y nuestra influencia elevará y bendecirá.

No debes esperar grandes ocasiones o esperar habilidades extraordinarias antes de ir a trabajar para Dios. No necesitas pensar en lo que el mundo pensará de ti. Si tu vida diaria es un testimonio de la pureza y sinceridad de tu fe, y los demás están convencidos de que deseas beneficiarles, tus esfuerzos no estarán del todo perdidos.

El más humilde y pobre de los discípulos de Jesús puede ser una bendición para otros. Tal vez no se den cuenta de que están haciendo un bien especial, pero por su influencia inconsciente pueden iniciar olas de bendición que se ampliarán y profundizarán, y los benditos resultados tal vez nunca los conozcan hasta el día de la recompensa final. No sienten ni saben que están haciendo algo grande. No se les exige que se fatiguen con la ansiedad del éxito. Sólo tienen que seguir adelante tranquilamente, haciendo fielmente el trabajo que la providencia de Dios les asigna, y su vida no será en vano. Sus propias almas irán creciendo más y más en la semejanza de Cristo; son obreros junto con Dios en esta vida y están así preparados para el trabajo más elevado y el gozo sin sombra de la vida venidera.

Capítulo 10—Conocimiento de Dios

Muchos son los medios por los que Dios quiere darse a conocer y ponernos en comunión con Él. La naturaleza habla sin cesar a nuestros sentidos. El corazón abierto se impresionará con el amor y la gloria de Dios revelados a través de las obras de Sus manos. El oído atento puede oír y comprender las comunicaciones de Dios a través de las cosas de la naturaleza. Los campos verdes, los árboles elevados, los capullos y las flores, la nube que pasa, la lluvia que cae, el arroyo que murmura, las glorias de los cielos, hablan a nuestros corazones y nos invitan a conocer a Aquel que los hizo todos.

Nuestro Salvador vinculó Sus preciosas lecciones con las cosas de la naturaleza. Los árboles, los pájaros, las flores de los valles, las colinas, los lagos y los hermosos cielos, así como los incidentes y los alrededores de la vida diaria, estaban todos vinculados con las palabras de la verdad, para que Sus lecciones pudieran así ser recordadas a menudo, incluso en medio de las ocupadas preocupaciones de la vida de trabajo del hombre.

Dios quiere que sus hijos aprecien sus obras y se deleiten en la belleza sencilla y tranquila con la que ha adornado nuestro hogar terrenal. Él es un amante de lo bello, y por encima de todo lo que es exteriormente atractivo, Él ama la belleza del carácter; Él quiere que cultivemos la pureza y la simplicidad, las tranquilas gracias de las flores.

Si escuchamos, las obras creadas por Dios nos enseñarán preciosas lecciones de obediencia y confianza. Desde las estrellas, que en su incesante discurrir por el espacio siguen de edad en edad su camino señalado, hasta el átomo más diminuto, las cosas de la naturaleza obedecen a la voluntad del Creador. Y Dios cuida de todo y sostiene todo lo que ha creado. El que sostiene los mundos innumerables a través de la inmensidad, al mismo tiempo cuida de las necesidades del pequeño gorrión marrón que canta su humilde canción sin miedo. Cuando los hombres salen a su trabajo diario, como cuando se dedican a la oración; cuando se acuestan por la noche, y cuando se levantan por la mañana; cuando el hombre rico festeja en su palacio, o cuando el pobre reúne a sus hijos en torno a la escasa mesa, cada uno es vigilado tiernamente por el Padre celestial. No hay lágrimas derramadas que Dios no note. No hay sonrisa que Él no note.

Si lo creyéramos plenamente, todas las preocupaciones indebidas desaparecerían. Nuestras vidas no estarían tan llenas de desilusiones como ahora; porque todo, ya sea grande o pequeño, se dejaría en las manos de Dios, que no está perplejo por la multiplicidad de preocupaciones, ni abrumado por su peso. Entonces disfrutaríamos de un descanso del alma al que muchos han sido extraños durante mucho tiempo.

Mientras tus sentidos se deleitan en la atractiva belleza de la tierra, piensa en el mundo venidero, que nunca conocerá la plaga del pecado y de la muerte; donde el rostro de la naturaleza no llevará más la sombra de la maldición. Deja que tu imaginación imagine el hogar de los salvados, y recuerda que será más glorioso de lo que tu imaginación más brillante pueda describir. En los diversos dones de Dios en la naturaleza no vemos sino el más tenue destello de su gloria. Está escrito:

"Cosas que ojo no vio, ni oído oyó, ni han subido en corazón de hombre, son las que Dios ha preparado para los que le aman". 1 Corintios 2:9.

El poeta y el naturalista tienen muchas cosas que decir sobre la naturaleza, pero es el cristiano quien disfruta de la belleza de la tierra con mayor aprecio, porque reconoce la obra de su Padre y percibe Su amor en las flores, los arbustos y los árboles. Nadie puede apreciar plenamente el significado de la colina y el valle, el río y el mar, si no los considera como una expresión del amor de Dios al hombre.

Dios nos habla a través de sus obras providenciales y a través de la influencia de su Espíritu en el corazón. En nuestras circunstancias y en nuestro entorno, en los cambios que se producen a diario a nuestro alrededor, podemos encontrar preciosas lecciones si nuestros corazones están abiertos a discernirlas. El salmista, trazando la obra de la providencia de Dios, dice: "La tierra está llena de la bondad del Señor". "El que sea sabio y observe estas cosas, comprenderá la bondad del Señor". Salmo 33:5; 107:43.

Dios nos habla en su Palabra. Aquí tenemos en líneas más claras la revelación de Su carácter, de Sus tratos con los hombres y de la gran obra de la redención. Aquí se abre ante nosotros la historia de los patriarcas y profetas y otros hombres santos de la antigüedad. Eran hombres "sujetos a pasiones semejantes a las nuestras". Santiago 5:17. Vemos cómo lucharon contra desalientos semejantes a los nuestros, cómo cayeron bajo la tentación como nosotros, y sin embargo se animaron de nuevo y vencieron por la gracia de Dios; y, al contemplarlos, nos sentimos alentados en nuestro esfuerzo por la justicia. Al leer acerca de las preciosas experiencias que les fueron concedidas, de la luz, el amor y la bendición que les tocó disfrutar, y de la obra que realizaron por medio de la gracia que les fue dada, el espíritu que los inspiró enciende una llama de santa emulación en nuestros corazones y un deseo de ser como ellos en carácter -como ellos para caminar con Dios.

Jesús dijo de las Escrituras del Antiguo Testamento -y cuánto más es cierto de las del Nuevo-: "Ellas son las que dan testimonio de mí", el Redentor, Aquel en quien se centran nuestras esperanzas de vida eterna. Juan 5:39. Sí, toda la Biblia habla de Cristo. Desde el primer registro de la creación -pues "sin Él no fue hecho nada de lo que ha sido hecho"- hasta la promesa final: "He aquí, vengo pronto", leemos acerca de Sus obras y escuchamos Su voz. Juan 1:3; Apocalipsis 22:12. Si desea conocer al Salvador, estudie las Sagradas Escrituras.

Llena todo el corazón con las palabras de Dios. Son el agua viva que apaga tu sed ardiente. Son el pan vivo del cielo. Jesús declara: "Si no coméis la carne del Hijo del hombre y bebéis su sangre, no tenéis vida en vosotros". Y se explica diciendo: "Las palabras que yo os hablo, son espíritu y son vida". Juan 6:53, 63. Nuestros cuerpos se construyen a partir de lo que comemos y bebemos; y como en la economía natural, así en la espiritual: es aquello en lo que meditamos lo que dará tono y fuerza a nuestra naturaleza espiritual.

El tema de la redención es uno que los ángeles desean examinar; será la ciencia y el canto de los redimidos a través de las incesantes edades de la eternidad. ¿Acaso no es digno de cuidadosa reflexión y estudio ahora? La misericordia y el amor infinitos de Jesús, el sacrificio hecho en nuestro favor, exigen la reflexión más seria y solemne. Deberíamos detenernos en el carácter de nuestro querido Redentor e Intercesor. Deberíamos meditar sobre la misión de Aquel que vino a salvar a Su pueblo de sus pecados. Al contemplar así los temas celestiales, nuestra fe y nuestro amor se fortalecerán, y nuestras oraciones serán cada vez más aceptables a Dios, porque estarán cada vez más mezcladas de fe y amor. Serán inteligentes y fervorosas. Habrá una confianza más constante en Jesús, y una experiencia diaria y viva de su poder para salvar perpetuamente a todos los que por él se acercan a Dios.

Al meditar en las perfecciones del Salvador, desearemos ser totalmente transformados y renovados a imagen de su pureza. El alma tendrá hambre y sed de llegar a ser semejante a Aquel a quien adoramos. Cuanto más se concentren nuestros pensamientos en Cristo, tanto más hablaremos de Él a los demás y lo representaremos ante el mundo.

La Biblia no fue escrita sólo para el erudito; por el contrario, fue diseñada para la gente común. Las grandes verdades necesarias para la salvación son tan claras como el mediodía; y nadie se equivocará ni perderá su camino excepto aquellos que siguen su propio juicio en lugar de la voluntad de Dios claramente revelada.

No debemos aceptar el testimonio de ningún hombre en cuanto a lo que enseñan las Escrituras, sino que debemos estudiar las palabras de Dios por nosotros mismos. Si permitimos que otros piensen por nosotros, tendremos energías lisiadas y habilidades contraídas. Los nobles poderes de la mente pueden empequeñecerse tanto por falta de ejercicio en temas dignos de su concentración, que pierdan su capacidad de captar el significado profundo de la palabra de Dios. La mente se ampliará si se emplea en trazar la relación de los temas de la Biblia, comparando las Escrituras con las Escrituras y las cosas espirituales con las espirituales.

No hay nada más calculado para fortalecer el intelecto que el estudio de las Escrituras. Ningún otro libro es tan potente para elevar los pensamientos, para dar vigor a las facultades, como las amplias y ennoblecedoras verdades de la Biblia. Si la Palabra de Dios se estudiara como es debido, los hombres tendrían una amplitud de mente, una nobleza de carácter y una estabilidad de propósito raramente vistas en estos tiempos.

Pero la lectura apresurada de las Escrituras no aporta grandes beneficios. Uno puede leer toda la Biblia y, sin embargo, no ver su belleza o comprender su significado profundo y oculto. Un pasaje estudiado hasta que su significado es claro para la mente y su relación con el plan de salvación es evidente, es de más valor que la lectura de muchos capítulos sin un propósito definido y sin obtener ninguna instrucción positiva. Mantenga su Biblia con usted. Cuando tengas oportunidad, léela; fija los textos en tu memoria. Incluso mientras camina por la calle puede leer un pasaje y meditar en él, fijándolo así en su mente.

No podemos obtener sabiduría sin una atención sincera y un estudio en oración. Algunas porciones de la Escritura son, en efecto, demasiado claras para ser malentendidas, pero hay otras cuyo significado no se encuentra en la superficie para ser visto de un vistazo. La Escritura debe compararse con la Escritura. Debe haber una investigación cuidadosa y una reflexión en oración. Y tal estudio será ricamente recompensado. Como el minero descubre vetas de metal precioso ocultas bajo la superficie de la tierra, así el que busca perseverantemente la Palabra de Dios como un tesoro escondido, encontrará verdades del mayor valor, que están ocultas a la vista del buscador descuidado. Las palabras de la inspiración, meditadas en el corazón, serán como arroyos que manan de la fuente de la vida.

Nunca se debe estudiar la Biblia sin orar. Antes de abrir sus páginas debemos pedir la iluminación del Espíritu Santo, y nos será dada. Cuando Natanael se acercó a Jesús, el Salvador exclamó: "He aquí un verdadero israelita, en quien no hay engaño". Natanael dijo: "¿De dónde me conoces?". Respondió Jesús: "Antes que Felipe te llamase, cuando estabas debajo de la higuera, te vi." Juan 1:47, 48. Y Jesús nos verá también en los lugares secretos de la oración, si le buscamos luz para conocer la verdad. Los ángeles del mundo de la luz estarán con aquellos que con humildad de corazón busquen la guía divina.

El Espíritu Santo exalta y glorifica al Salvador. Su oficio es presentar a Cristo, la pureza de Su justicia y la gran salvación que tenemos por medio de Él. Jesús dice: "Recibirá de lo mío, y os lo hará saber". Juan 16:14. El Espíritu de verdad es el único maestro eficaz de la verdad divina. ¡Cuánto debe estimar Dios al género humano, puesto que dio a su Hijo para que muriera por él, y designa a su Espíritu para que sea maestro y guía continuo del hombre!

Capítulo 11 - El Privilegio de la Oración

Dios nos habla a través de la naturaleza y de la revelación, de su providencia y de la influencia de su Espíritu. Pero esto no es suficiente; también necesitamos derramar nuestro corazón hacia Él. Para tener vida y energía espiritual, debemos tener una relación real con nuestro Padre celestial. Nuestras mentes pueden ser atraídas hacia Él; podemos meditar sobre Sus obras, Sus misericordias, Sus bendiciones; pero esto no es, en el sentido más completo, estar en comunión con Él. Para estar en comunión con Dios, debemos tener algo que decirle con respecto a nuestra vida real.

La oración es la apertura del corazón a Dios como a un amigo. No es que sea necesaria para dar a conocer a Dios lo que somos, sino para permitirnos recibirle. La oración no nos baja a Dios, sino que nos sube a Él.

Cuando Jesús estuvo en la tierra, enseñó a sus discípulos a orar. Les indicó que presentaran sus necesidades diarias ante Dios, y que depositaran toda su preocupación en Él. Y la seguridad que les dio de que sus peticiones serían escuchadas, es seguridad también para nosotros.

Jesús mismo, mientras moraba entre los hombres, oraba con frecuencia. Nuestro Salvador se identificó con nuestras necesidades y debilidades, en el sentido de que se convirtió en un suplicante, en un suplicante que buscaba de su Padre nuevos suministros de fortaleza, a fin de salir fortalecido para el deber y la prueba. Él es nuestro ejemplo en todo. Él es un hermano en nuestras debilidades, "tentado en todo según nuestra semejanza"; pero como sin pecado, su naturaleza retrocedió ante el mal; Él soportó las luchas y la tortura del alma en un mundo de pecado. Su humanidad hizo de la oración una necesidad y un privilegio. Encontró consuelo y gozo en la comunión con su Padre. Y si el Salvador de los hombres, el Hijo de Dios, sintió la necesidad de la oración, cuánto más los débiles y pecadores mortales deben sentir la necesidad de la oración ferviente y constante.

Nuestro Padre celestial espera para concedernos la plenitud de Su bendición. Tenemos el privilegio de beber ampliamente en la fuente de su amor sin límites. ¡Qué maravilla es que oremos tan poco! Dios está listo y deseoso de escuchar la oración sincera del más humilde de sus hijos, y sin embargo hay mucha renuencia manifiesta de nuestra parte para dar a conocer nuestras necesidades a Dios. ¿Qué pueden pensar los ángeles del cielo de los pobres seres humanos indefensos, sujetos a la tentación, cuando el corazón de infinito amor de Dios anhela hacia ellos, dispuesto a darles más de lo que pueden pedir o pensar, y sin embargo rezan tan poco y tienen tan poca fe? Los ángeles aman postrarse ante Dios; aman estar cerca de Él. Consideran la comunión con Dios como su mayor alegría; y, sin embargo, los hijos de la tierra, que tanto necesitan la ayuda que sólo Dios puede dar, parecen satisfechos de caminar sin la luz de su Espíritu, sin la compañía de su presencia.

Las tinieblas del maligno rodean a los que descuidan la oración. Las tentaciones susurradas del enemigo los atraen al pecado; y todo es porque no hacen uso de los privilegios que Dios les ha dado en la designación divina de la oración. ¿Por qué habrían de ser reacios a orar los hijos e hijas de Dios, cuando la oración es la llave en manos de la fe para abrir el almacén del cielo, donde están atesorados los ilimitados recursos de la Omnipotencia? Sin oración incesante y vigilancia diligente corremos el peligro de descuidarnos y desviarnos del camino recto. El adversario trata continuamente de obstruir el camino hacia el propiciatorio, para que no obtengamos, mediante la súplica ferviente y la fe, gracia y poder para resistir la tentación.

Hay ciertas condiciones bajo las cuales podemos esperar que Dios escuche y responda a nuestras oraciones. Una de las primeras es que sintamos la necesidad de que Él nos ayude. Él ha prometido: "Derramaré aguas sobre el sediento, e inundaciones sobre la tierra seca". Isaías 44:3. Los que tienen hambre y sed de justicia, los que anhelan a Dios, pueden estar seguros de que serán saciados. El corazón debe estar abierto a la influencia del Espíritu, o no se podrá recibir la bendición de Dios.

Nuestra gran necesidad es en sí misma un argumento y aboga muy elocuentemente en nuestro favor. Pero hay que buscar al Señor para que haga estas cosas por nosotros. Él dice: "Pedid, y se os dará". Y "El que no escatimó ni a su propio Hijo, sino que lo entregó por todos nosotros, ¿cómo no nos dará también con Él todas las cosas gratuitamente?". Mateo 7:7; Romanos 8:32.

Si consideramos iniquidad en nuestros corazones, si nos aferramos a cualquier pecado conocido, el Señor no nos escuchará; pero la oración del alma penitente y contrita siempre es aceptada. Cuando todos los males conocidos hayan sido corregidos, podemos creer que Dios responderá a nuestras súplicas. Nuestro propio mérito nunca nos hará merecedores del favor de Dios; es la dignidad de Jesús la que nos salvará, y su sangre la que nos limpiará.

Otro elemento para que prevalezca la oración es la fe. "Es necesario que el que se acerca a Dios crea que le hay, y que es galardonador de los que le buscan". Hebreos 11:6. Jesús dijo a sus discípulos: "Todo lo que pidiereis orando, creed que lo recibiréis, y os vendrá." Marcos 11:24. ¿Le tomamos la palabra?

La seguridad es amplia e ilimitada, y es fiel quien lo ha prometido. Cuando no recibimos las mismas cosas que pedimos, en el momento en que las pedimos, aún debemos creer que el Señor oye y que responderá a nuestras oraciones. Somos tan errantes y miopes que a veces pedimos cosas que no serían una bendición para nosotros, y nuestro Padre celestial en amor responde a nuestras oraciones dándonos lo que será para nuestro mayor bien, lo que nosotros mismos desearíamos si con visión divinamente iluminada pudiéramos ver todas las cosas como realmente son. Cuando nuestras oraciones parecen no ser respondidas, debemos aferrarnos a la promesa; porque el tiempo de la respuesta seguramente llegará, y recibiremos la bendición que más necesitamos. Pero pretender que la oración será siempre contestada en la forma y para la cosa particular que deseamos, es presunción. Dios es demasiado sabio para equivocarse, y demasiado bueno para negar nada bueno a los que caminan rectamente. Entonces no temas confiar en Él, aunque no veas la respuesta inmediata a tus oraciones. Confía en Su promesa segura: "Pedid, y se os dará".

Si nos dejamos aconsejar por nuestras dudas y temores, o tratamos de resolver todo lo que no podemos ver con claridad, antes de tener fe, las perplejidades no harán más que aumentar y profundizarse. Pero si acudimos a Dios, sintiéndonos impotentes y dependientes, como realmente somos, y con fe humilde y confiada damos a conocer nuestras necesidades a Aquel cuyo conocimiento es infinito, que lo ve todo en la creación, y que lo gobierna todo por Su voluntad y Su palabra, Él puede atender y atenderá nuestro clamor, y dejará que la luz brille en nuestros corazones. Mediante la oración sincera nos ponemos en contacto con la mente del Infinito. Puede que en ese momento no tengamos ninguna evidencia notable de que el rostro de nuestro Redentor se inclina sobre nosotros con compasión y amor, pero así es. Puede que no sintamos Su toque visible, pero Su mano está sobre nosotros en amor y ternura compasiva.

Cuando venimos a pedir misericordia y la bendición de Dios, deberíamos tener un espíritu de amor y perdón en nuestros propios corazones. ¿Cómo podemos orar: "Perdónanos nuestras deudas, así como nosotros perdonamos a nuestros deudores", y sin embargo dar rienda suelta a un espíritu que no perdona? Mateo 6:12. Si esperamos que nuestras oraciones sean escuchadas, debemos perdonar a los demás de la misma manera y en la misma medida en que esperamos ser perdonados.

La perseverancia en la oración se ha convertido en una condición para recibir. Debemos orar siempre si queremos crecer en fe y experiencia. Debemos ser "instantáneos en la oración", "perseverar en la oración, y velar en ella con acción de gracias". Romanos 12:12; Colosenses 4:2. Pedro exhorta a los creyentes a ser "sobrios y velar en oración". 1 Pedro 4:7. Pablo ordena: "En toda oración y ruego, con acción de gracias, sean conocidas vuestras peticiones delante de Dios". Filipenses 4:6. "Pero vosotros, amados", dice Judas, "orando en el Espíritu Santo, conservaos en el amor de Dios". Judas 20, 21. La oración incesante es la unión ininterrumpida del alma con

Dios, de modo que la vida de Dios fluye a nuestra vida; y de nuestra vida, la pureza y la santidad fluyen de vuelta a Dios.

Hay necesidad de diligencia en la oración; que nada te lo impida. Esfuérzate por mantener abierta la comunión entre Jesús y tu propia alma. Busca toda oportunidad de ir a donde se acostumbra a orar. Aquellos que realmente buscan la comunión con Dios se verán en la reunión de oración, fieles en el cumplimiento de su deber y serios y ansiosos por cosechar todos los beneficios que puedan obtener. Aprovecharán toda oportunidad de colocarse donde puedan recibir los rayos de luz del cielo.

Debemos rezar en el círculo familiar y, sobre todo, no debemos descuidar la oración secreta, pues ésta es la vida del alma. Es imposible que el alma florezca mientras se descuida la oración. La oración en familia o en público no es suficiente. En la soledad hay que exponer el alma a la mirada escrutadora de Dios. La oración secreta sólo debe ser escuchada por el Dios que escucha la oración. Ningún oído curioso debe recibir la carga de tales peticiones. En la oración secreta el alma está libre de influencias circundantes, libre de excitación. Con calma, pero con fervor, buscará a Dios. Dulce y duradera será la influencia que emana de Aquel que ve en lo secreto, cuyo oído está abierto para escuchar la oración que surge del corazón. Por la fe serena y sencilla, el alma comulga con Dios y recibe rayos de luz divina que la fortalecen y sostienen en la lucha contra Satanás. Dios es nuestra torre de fortaleza.

Ora en tu armario, y mientras realizas tu trabajo diario, deja que tu corazón se eleve a menudo hacia Dios. Así caminaba Enoc con Dios. Estas oraciones silenciosas se elevan como incienso precioso ante el trono de la gracia. Satanás no puede vencer a aquel cuyo corazón se mantiene así en Dios.

No hay momento ni lugar en que sea inapropiado elevar una súplica a Dios. No hay nada que nos impida elevar nuestro corazón con espíritu de oración sincera. En la multitud de la calle, en medio de un compromiso comercial, podemos elevar una petición a Dios y suplicar la guía divina, como hizo Nehemías cuando presentó su petición ante el rey Artajerjes. Un armario de comunión puede encontrarse dondequiera que estemos. Debemos tener la puerta del corazón continuamente abierta y nuestra invitación en alto para que Jesús pueda venir y morar como huésped celestial en el alma.

Aunque haya una atmósfera contaminada y corrompida a nuestro alrededor, no necesitamos respirar su miasma, sino que podemos vivir en el aire puro del cielo. Podemos cerrar toda puerta a las imaginaciones impuras y a los pensamientos profanos elevando el alma a la presencia de Dios mediante la oración sincera. Aquellos cuyos corazones están abiertos a recibir el apoyo y la bendición de Dios caminarán en una atmósfera más santa que la de la tierra y tendrán una comunión constante con el cielo.

Necesitamos tener una visión más clara de Jesús y una comprensión más plena del valor de las realidades eternas. La belleza de la santidad debe llenar los corazones de los hijos de Dios; y para que esto se logre, debemos buscar revelaciones divinas de las cosas celestiales.

Que el alma sea atraída hacia fuera y hacia arriba, para que Dios nos conceda un soplo de la atmósfera celestial. Podemos mantenernos tan cerca de Dios que en cada prueba inesperada nuestros pensamientos se vuelvan hacia Él tan naturalmente como la flor se vuelve hacia el sol.

Mantén tus necesidades, tus alegrías, tus penas, tus preocupaciones y tus temores delante de Dios. No puedes agobiarlo; no puedes cansarlo. Aquel que cuenta los cabellos de tu cabeza no es indiferente a las necesidades de Sus hijos. "El Señor es muy compasivo y misericordioso". Santiago 5:11. Su corazón de amor se conmueve por nuestras penas e incluso por lo que decimos de ellas. Llévale a Él todo lo que desconcierta tu mente. Nada es demasiado grande para que Él lo soporte, pues Él sostiene los mundos, Él gobierna todos los asuntos del universo. Nada de lo que concierne a nuestra paz es demasiado pequeño para que Él lo note. No hay capítulo en nuestra experiencia demasiado oscuro para que Él lo lea; no hay perplejidad demasiado difícil para que Él la desentrañe. Ninguna calamidad puede acontecer al menor de Sus hijos, ninguna ansiedad acosar el alma, ningún gozo alegrar, ninguna oración sincera escapar de los labios, de la cual nuestro Padre celestial no esté atento, o en la cual no se interese inmediatamente. "El sana a los quebrantados de corazón, y venda sus heridas". Salmo 147:3. Las relaciones entre Dios y cada alma son tan distintas y plenas como si no hubiera otra alma en la tierra que compartiera su cuidado, ni otra alma por la cual hubiera dado a su Hijo amado.

Jesús dijo: "Pediréis en mi nombre; y no os digo que yo rogaré al Padre por vosotros, porque el Padre mismo os ama". "Yo os he escogido: ... para que todo lo que pidiereis al Padre en mi nombre, él os lo dé". Juan 16:26, 27; 15:16. Pero orar en el nombre de Jesús es algo más que una mera mención de ese nombre al principio y al final de una oración. Es orar en la mente y el espíritu de Jesús, mientras creemos en Sus promesas, confiamos en Su gracia y obramos Sus obras.

Dios no quiere decir que ninguno de nosotros deba convertirse en ermitaño o monje y retirarse del mundo para dedicarse a actos de culto. La vida debe ser como la de Cristo:

entre la montaña y la multitud. Quien no hace otra cosa que rezar, pronto dejará de rezar, o sus oraciones se convertirán en una rutina formal. Cuando los hombres se apartan de la vida social, de la esfera del deber cristiano y de la carga de la cruz; cuando dejan de trabajar seriamente por el Maestro, que trabajó seriamente por ellos, pierden el tema de la oración y no tienen incentivo para la devoción. Sus oraciones se vuelven personales y egoístas. No pueden orar por las necesidades de la humanidad o por la edificación del reino de Cristo, suplicando fuerza para trabajar.

Sufrimos una pérdida cuando descuidamos el privilegio de asociarnos para fortalecernos y animarnos unos a otros en el servicio de Dios. Las verdades de Su palabra pierden su viveza e importancia en nuestras mentes. Nuestros corazones dejan de ser iluminados y excitados por su influencia santificadora, y declinamos en espiritualidad. En nuestra asociación como cristianos perdemos mucho por falta de simpatía mutua. El que se encierra en sí mismo no ocupa el lugar que Dios le asignó. El cultivo apropiado de los elementos sociales en nuestra naturaleza nos lleva a la simpatía con los demás y es un medio de desarrollo y fortaleza para nosotros en el servicio de Dios.

Si los cristianos se asociaran, hablándose mutuamente del amor de Dios y de las preciosas verdades de la redención, sus propios corazones se refrescarían y se refrescarían unos a otros. Es posible que cada día aprendamos más de nuestro Padre celestial, obteniendo una experiencia fresca de su gracia; entonces desearemos hablar de su amor; y al hacerlo, nuestros propios corazones se calentarán y animarán. Si pensáramos y habláramos más de Jesús y menos de nosotros mismos, tendríamos mucho más de su presencia.

Si pensáramos en Dios tan a menudo como tenemos evidencia de Su cuidado por nosotros, lo tendríamos siempre en nuestros pensamientos y nos deleitaríamos en hablar de Él y en alabarlo. Hablamos de las cosas temporales porque tenemos interés en ellas. Hablamos de nuestros amigos porque los amamos; nuestras alegrías y nuestras penas están ligadas a ellos. Sin embargo, tenemos una razón infinitamente mayor para amar a Dios que para amar a nuestros amigos terrenales; debería ser la cosa más natural del mundo ponerlo a Él en primer lugar en todos nuestros pensamientos, hablar de su bondad y contar de su poder. Los ricos dones que Él nos ha concedido no estaban destinados a absorber tanto nuestros pensamientos y nuestro amor que no tuviéramos nada que dar a Dios; están constantemente para recordarnos de Él y para atarnos con lazos de amor y gratitud a nuestro Benefactor celestial. Moramos demasiado cerca de las tierras bajas de la tierra. Levantemos nuestros ojos a la puerta abierta del santuario de arriba, donde la luz de la gloria de Dios brilla en el rostro de Cristo, que "puede también salvar perpetuamente a los que por él se acercan a Dios". Hebreos 7:25.

Necesitamos alabar más a Dios "por su bondad, y por sus maravillas para con los hijos de los hombres". Salmo 107:8. Nuestros ejercicios devocionales no deben consistir enteramente en pedir y recibir. No pensemos siempre en nuestras necesidades y nunca en los beneficios que recibimos. No oramos demasiado, pero somos demasiado parcos en dar gracias. Somos receptores constantes de las misericordias de Dios y, sin embargo, qué poca gratitud expresamos, qué poco le alabamos por lo que ha hecho por nosotros.

Antiguamente el Señor ordenaba a Israel, cuando se reunían para su servicio: "Comeréis delante de Jehová vuestro

Dios, y os alegraréis de todo aquello en que pusiereis vuestra mano, vosotros y vuestras familias, en que Jehová tu Dios te hubiere bendecido". Deuteronomio 12:7. Lo que se hace para la gloria de Dios debe hacerse con alegría, con cantos de alabanza y acción de gracias, no con tristeza y melancolía.

Nuestro Dios es un Padre tierno y misericordioso. Su servicio no debe ser visto como un ejercicio angustioso y desgarrador. Debería ser un placer adorar al Señor y participar en Su obra. Dios no quiere que sus hijos, para quienes se ha provisto una salvación tan grande, actúen como si fuera un capataz duro y exigente. Él es su mejor amigo; y cuando lo adoran, espera estar con ellos, bendecirlos y consolarlos, llenando sus corazones de gozo y amor. El Señor desea que Sus hijos se sientan cómodos en Su servicio y que encuentren más placer que dificultades en Su trabajo. Desea que los que vienen a adorarle se lleven preciosos pensamientos de su cuidado y amor, que sean animados en todos los empleos de la vida diaria, que tengan gracia para actuar honesta y fielmente en todas las cosas.

Debemos reunirnos en torno a la cruz. Cristo y Él crucificado deben ser el tema de contemplación, de conversación y de nuestra más gozosa emoción. Debemos mantener en nuestros pensamientos cada bendición que recibimos de Dios, y cuando nos demos cuenta de su gran amor, debemos estar dispuestos a confiarlo todo a la mano que fue clavada en la cruz por nosotros.

El alma puede ascender más cerca del cielo sobre las alas de la alabanza. Dios es adorado con cantos y música en los atrios de lo alto, y al expresar nuestra gratitud nos aproximamos a la adoración de las huestes celestiales. "El que ofrece alabanza glorifica a Dios. Salmo 50:23. Lleguemos con gozo reverente ante nuestro Creador, con "acción de gracias y voz de melodía". Isaías 51:3.

Capítulo 12—Qué hacer con la Duda

Muchos, especialmente los que son jóvenes en la vida cristiana, se sienten a veces turbados por las sugestiones del escepticismo. Hay en la Biblia muchas cosas que no pueden explicar, ni siquiera comprender, y Satanás las emplea para quebrantar su fe en las Escrituras como revelación de Dios. Preguntan: "¿Cómo conoceré el camino correcto? Si la Biblia es realmente la palabra de Dios, ¿cómo podré librarme de estas dudas y perplejidades?".

Dios nunca nos pide que creamos sin darnos pruebas suficientes en las que basar nuestra fe. Su existencia, Su carácter, la veracidad de Su palabra, todo está establecido por un testimonio que apela a nuestra razón; y este testimonio es abundante. Sin embargo, Dios nunca ha eliminado la posibilidad de la duda. Nuestra fe debe descansar en la evidencia, no en la demostración. Aquellos que desean dudar tendrán la oportunidad; mientras que aquellos que realmente desean conocer la verdad encontrarán abundante evidencia sobre la cual apoyar su fe.

Es imposible para las mentes finitas comprender plenamente el carácter o las obras del Infinito. Para el intelecto más agudo, para la mente más altamente educada, ese santo Ser debe permanecer siempre revestido de misterio. "¿Puedes tú, escudriñando, encontrar a Dios? ¿Puedes tú encontrar al Todopoderoso hasta la perfección? Es tan alto como el cielo; ¿qué puedes hacer? más profundo que el infierno; ¿qué puedes conocer?". Job 11:7, 8.

El apóstol Pablo exclama: "¡Oh profundidad de las riquezas de la sabiduría y de la ciencia de Dios! ¡Cuán inescrutables son sus juicios, e inescrutables sus caminos!". Romanos 11:33. Pero aunque "nubes y tinieblas le rodean", "justicia y juicio son el fundamento de su trono". Salmos 97:2, R.V. Podemos comprender hasta tal punto sus tratos con nosotros, y los motivos por los que actúa, que podemos discernir un amor y una misericordia sin límites unidos a un poder infinito. Podemos entender tanto de sus propósitos como nos conviene saber; y más allá de esto debemos confiar en la mano que es omnipotente, en el corazón que está lleno de amor.

La Palabra de Dios, al igual que el carácter de su divino Autor, presenta misterios que nunca podrán ser comprendidos plenamente por los seres finitos. La entrada del pecado en el mundo, la encarnación de Cristo, la regeneración, la resurrección y muchos otros temas presentados en la Biblia, son misterios demasiado profundos para que la mente humana pueda explicarlos, o incluso comprenderlos plenamente. Pero no tenemos por qué dudar de la palabra de Dios porque no podamos comprender los misterios de Su providencia. En el mundo natural estamos constantemente rodeados de misterios que no podemos comprender. Las formas más humildes de vida presentan un problema que el más sabio de los filósofos es incapaz de explicar. En todas partes hay maravillas que escapan a nuestro conocimiento. ¿Debería sorprendernos que también en el mundo espiritual haya misterios que no podemos descifrar? La dificultad reside únicamente en la debilidad y estrechez de la mente humana. Dios nos ha dado en las Escrituras suficientes pruebas de su carácter divino, y no debemos dudar de su palabra porque no podamos comprender todos los misterios de su providencia.

El apóstol Pedro dice que hay en la Escritura "cosas difíciles de entender, que los indoctos e inconstantes tuercen... para su propia perdición." 2 Pedro 3:16. Las dificultades de la Escritura han sido aducidas por los escépticos como un argumento contra la Biblia; pero lejos de esto, constituyen una fuerte evidencia de su inspiración divina. Si no contuviera ningún relato de Dios que no pudiéramos comprender fácilmente; si su grandeza y majestad pudieran ser captadas por mentes finitas, entonces la Biblia no llevaría las credenciales inconfundibles de la autoridad divina. La misma grandeza y misterio de los temas presentados deberían inspirar fe en ella como palabra de Dios.

La Biblia despliega la verdad con una sencillez y una perfecta adaptación a las necesidades y anhelos del corazón humano, que ha asombrado y encantado a las mentes más cultivadas, al mismo tiempo que permite a las más humildes e incultas discernir el camino de la salvación. Y, sin embargo, estas verdades tan sencillas se refieren a temas tan elevados, tan trascendentales, tan infinitamente más allá del poder de la comprensión humana, que sólo podemos aceptarlas porque Dios las ha declarado. Así se nos presenta el plan de la redención, para que cada alma pueda ver los pasos que debe dar en arrepentimiento hacia Dios y fe hacia nuestro Señor Jesucristo, a fin de salvarse en la forma señalada por Dios; sin embargo, debajo de estas verdades, tan fáciles de entender, yacen misterios que ocultan Su gloria, misterios que sobrepasan la mente en su investigación, pero que inspiran reverencia y fe al buscador sincero de la verdad. Cuanto más escudriña la Biblia, más profunda es su convicción de que es la palabra del Dios viviente, y la razón humana se inclina ante la majestad de la revelación divina.

Reconocer que no podemos comprender plenamente las grandes verdades de la Biblia es sólo admitir que la mente finita es inadecuada para captar lo infinito; que el hombre, con su limitado conocimiento humano, no puede comprender los propósitos de la Omnisciencia.

Por no poder desentrañar todos sus misterios, el escéptico y el infiel rechazan la palabra de Dios; y no todos los que profesan creer en la Biblia están libres de peligro en este punto. El apóstol dice: "Mirad, hermanos, que no haya en alguno de vosotros corazón malo de incredulidad, que se aparte del Dios vivo". Hebreos 3:12. Es correcto estudiar detenidamente las enseñanzas de la Biblia y escudriñar "las cosas profundas de Dios" en la medida en que se revelan en las Escrituras. 1 Corintios 2:10. Mientras que "las cosas secretas pertenecen al Señor nuestro Dios", "las reveladas nos pertenecen a nosotros". Deuteronomio 29:29. Pero es obra de Satanás pervertir las facultades investigadoras de la mente. Cierto orgullo se mezcla con la consideración de la verdad bíblica, de modo que los hombres se sienten impacientes y derrotados si no pueden explicar cada porción de la Escritura a su satisfacción. Es demasiado humillante para ellos reconocer que no entienden las palabras inspiradas. No están dispuestos a esperar pacientemente hasta que Dios considere oportuno revelarles la verdad. Piensan que su sabiduría humana sin ayuda es suficiente para permitirles comprender la Escritura, y al no poder hacerlo, virtualmente niegan su autoridad. Es cierto que muchas teorías y doctrinas que popularmente se supone que se derivan de la Biblia no tienen fundamento en su enseñanza, y de hecho son contrarias a todo el tenor de la inspiración. Estas cosas han sido causa de duda y perplejidad para muchas mentes. Sin embargo, no son imputables a la palabra de Dios, sino a la perversión que el hombre ha hecho de ella.

Si fuera posible para los seres creados alcanzar una comprensión completa de Dios y de Sus obras, entonces, habiendo alcanzado este punto, no habría para ellos ningún descubrimiento ulterior de la verdad, ningún crecimiento en el conocimiento, ningún desarrollo ulterior de la mente o del corazón. Dios ya no sería supremo; y el hombre, habiendo alcanzado el límite del conocimiento y del logro, dejaría de avanzar. Agradezcamos a Dios que no sea así. Dios es infinito; en Él están "todos los tesoros de la sabiduría y de la ciencia". Colosenses 2:3. Y por toda la eternidad los hombres pueden estar siempre buscando, siempre aprendiendo, y sin embargo nunca agotar los tesoros de su sabiduría, su bondad y su poder.

Dios tiene la intención de que incluso en esta vida las verdades de Su palabra sean siempre reveladas a Su pueblo. Sólo hay una manera de obtener este conocimiento. Podemos alcanzar una comprensión de la palabra de Dios sólo a través de la iluminación de aquel Espíritu por el cual la palabra fue dada. "Nadie conoce las cosas de Dios, sino el Espíritu de Dios"; "porque el Espíritu todo lo escudriña, aun lo profundo de Dios". 1 Corintios 2:11, 10. Y la promesa del Salvador a sus seguidores fue: "Cuando venga el Espíritu de verdad, él os guiará a toda la verdad..... Porque él recibirá de la mía, y os la hará saber". Juan 16:13, 14.

Dios desea que el hombre ejercite sus facultades de razonamiento, y el estudio de la Biblia fortalecerá y elevará la mente como ningún otro estudio puede hacerlo. Sin embargo, debemos guardarnos de endiosar la razón, que está sujeta a la debilidad y flaqueza de la humanidad. Si no queremos que las Escrituras nublen nuestro entendimiento, de modo que no podamos comprender las verdades más claras, debemos tener la sencillez y la fe de un niño pequeño, dispuesto a aprender y suplicando la ayuda del Espíritu Santo. Un sentido del poder y la sabiduría de Dios, y de nuestra incapacidad para comprender su grandeza, debe inspirarnos humildad, y debemos abrir su palabra, como entraríamos en su presencia, con santo temor. Cuando llegamos a la Biblia, la razón debe reconocer una autoridad superior a sí misma, y el corazón y el intelecto deben inclinarse ante el gran YO SOY.

Hay muchas cosas aparentemente difíciles u oscuras, que Dios hará claras y sencillas a quienes busquen comprenderlas. Pero sin la guía del Espíritu Santo estaremos continuamente expuestos a torcer las Escrituras o a malinterpretarlas. Hay muchas lecturas de la Biblia que no son provechosas y en muchos casos son un perjuicio positivo. Cuando se abre la Palabra de Dios sin reverencia y sin oración; cuando los pensamientos y los afectos no están fijos en Dios, o en armonía con su voluntad, la mente se nubla de dudas; y en el mismo estudio de la Biblia se fortalece el escepticismo. El enemigo toma el control de los pensamientos, y sugiere interpretaciones que no son correctas. Siempre que los hombres no busquen de palabra y obra estar en armonía con Dios, entonces, por muy eruditos que sean, están expuestos a equivocarse en su comprensión de las Escrituras, y no es seguro confiar en sus explicaciones. Los que miran las Escrituras para encontrar discrepancias, no tienen perspicacia espiritual. Con una visión distorsionada verán muchas causas de duda e incredulidad en cosas que son realmente simples y sencillas.

Disfrácenlo como puedan, la verdadera causa de la duda y el escepticismo, en la mayoría de los casos, es el amor al pecado. Las enseñanzas y restricciones de la palabra de Dios no son bienvenidas al corazón orgulloso y amante del pecado, y aquellos que no están dispuestos a obedecer sus requerimientos están listos para dudar de su autoridad. Para llegar a la verdad, debemos tener un deseo sincero de conocerla y una disposición de corazón para obedecerla. Y todos los que se acercan con este espíritu al estudio de la Biblia encontrarán abundantes pruebas de que es la palabra de Dios, y podrán obtener una comprensión de sus verdades que los hará sabios para la salvación.

Cristo ha dicho: "Si alguno quiere hacer su voluntad, conocerá la enseñanza". Juan 7:17, R.V. En vez de cuestionar y poner reparos a lo que no entiendes, presta atención a la luz que ya brilla sobre ti, y recibirás mayor luz. Por la gracia de Cristo, cumple todos los deberes que han sido aclarados a tu entendimiento, y serás capacitado para comprender y cumplir aquellos de los que ahora tienes dudas.

Hay una prueba que está al alcance de todos, tanto de los más instruidos como de los más analfabetos: la prueba de la experiencia. Dios nos invita a probar por nosotros mismos la realidad de su palabra, la verdad de sus promesas. Nos invita a "gustar y ver que el Señor es bueno". Salmo 34:8. En lugar de depender de la palabra de otro, debemos probarla por nosotros mismos. Él declara: "Pedid, y recibiréis". Juan 16:24. Sus promesas se cumplirán. Nunca han fallado; nunca pueden fallar. Y a medida que nos acercamos a Jesús, y nos regocijamos en la plenitud de Su amor, nuestra duda y oscuridad desaparecerán en la luz de Su presencia.

El apóstol Pablo dice que Dios "nos ha librado de la potestad de las tinieblas, y trasladado al reino de su amado Hijo". Colosenses 1:13. Y todo el que ha pasado de muerte a vida puede "poner su sello de que Dios es verdadero". Juan 3:33. Puede testificar: "Necesitaba ayuda, y la encontré en Jesús. Toda necesidad fue suplida, el hambre de mi alma fue satisfecha; y ahora la Biblia es para mí la revelación de Jesucristo. ¿Me preguntas por qué creo en Jesús? Porque Él es para mí un Salvador divino. ¿Por qué creo en la Biblia? Porque he descubierto que es la voz de Dios para mi alma". Podemos tener el testimonio en nosotros mismos de que la Biblia es verdadera, de que Cristo es el Hijo de Dios. Sabemos que no estamos siguiendo fábulas astutamente urdidas.

Pedro exhorta a sus hermanos a "crecer en gracia y en el conocimiento de nuestro Señor y Salvador Jesucristo." 2 Pedro 3:18. Cuando el pueblo de Dios está creciendo en la gracia, obtendrá constantemente una comprensión más clara de Su palabra. Discernirán nueva luz y belleza en sus verdades sagradas. Esto ha sido cierto en la historia de la iglesia en todas las épocas, y así continuará hasta el fin. "La senda de los justos es como la luz del alba, que brilla más y más hasta el día perfecto". Proverbios 4:18, R.V., margen.

Por la fe podemos mirar al más allá y captar la promesa de Dios para un crecimiento del intelecto, las facultades humanas uniéndose con las divinas, y cada poder del alma siendo puesto en contacto directo con la Fuente de luz. Podemos alegrarnos de que todo lo que nos ha dejado perplejos en las providencias de Dios será entonces aclarado, las cosas difíciles de comprender encontrarán entonces una explicación; y donde nuestras mentes finitas sólo descubrían confusión y propósitos rotos, veremos la más perfecta y hermosa armonía. "Ahora vemos a través de un cristal, oscuramente; pero entonces cara a cara: ahora conozco en parte; pero entonces conoceré como también soy conocido". 1 Corintios 13:12.

Capítulo 13—Regocijo en el Señor

Los hijos de Dios están llamados a ser representantes de Cristo, mostrando la bondad y la misericordia del Señor. Así como Jesús nos ha revelado el verdadero carácter del Padre, así nosotros debemos revelar a Cristo a un mundo que no conoce su tierno y compasivo amor. "Como Tú me enviaste al mundo", dijo Jesús, "así también yo los he enviado al mundo". "Yo en ellos, y Tú en Mí; ... para que el mundo conozca que Tú me enviaste". Juan 17:18, 23. El apóstol Pablo dice a los discípulos de Jesús: "Vosotros sois manifiestamente declarados epístola de Cristo," "conocida y leída de todos los hombres." 2 Corintios 3:3, 2. En cada uno de sus hijos, Jesús envía una carta al mundo. Si eres seguidor de Cristo, Él envía en ti una carta a la familia, al pueblo, a la calle, donde vives. Jesús, habitando en ti, desea hablar a los corazones de aquellos que no le conocen. Tal vez no leen la Biblia, o no oyen la voz que les habla en sus páginas; no ven el amor de Dios a través de sus obras. Pero si usted es un verdadero representante de Jesús, puede ser que a través de usted ellos sean llevados a comprender algo de Su bondad y sean ganados para amarlo y servirlo.

Los cristianos son portadores de luz en el camino hacia el cielo. Deben reflejar al mundo la luz de Cristo que brilla sobre ellos. Su vida y su carácter deben ser tales que, a través de ellos, los demás adquieran una idea correcta de Cristo y de su servicio.

Si representamos a Cristo, haremos que su servicio parezca atractivo, como realmente lo es. Los cristianos que acumulan melancolía y tristeza en sus almas, y murmuran y se quejan, están dando a los demás una falsa representación de Dios y de la vida cristiana. Dan la impresión de que a Dios no le agrada que sus hijos sean felices, y con esto dan falso testimonio contra nuestro Padre celestial.

Satanás se regocija cuando puede llevar a los hijos de Dios a la incredulidad y al desaliento. Se deleita en vernos desconfiar de Dios, dudar de su voluntad y poder para salvarnos. Le encanta hacernos sentir que el Señor nos hará daño con sus providencias. Es obra de Satanás representar al Señor como falto de compasión y piedad. Él tergiversa la verdad con respecto a Él. Llena la imaginación de falsas ideas acerca de Dios; y en vez de detenernos en la verdad con respecto a nuestro Padre celestial, con demasiada frecuencia fijamos nuestra mente en las tergiversaciones de Satanás y deshonramos a Dios desconfiando de él y murmurando contra él. Satanás siempre procura que la vida religiosa sea sombría. Desea que parezca fatigosa y difícil; y cuando el cristiano presenta en su propia vida este punto de vista de la religión, está, por su incredulidad, secundando la falsedad de Satanás.

Muchos, caminando por el sendero de la vida, se detienen en sus errores y fracasos y decepciones, y sus corazones se llenan de pena y desaliento. Mientras estuve en Europa, una hermana que había estado haciendo esto, y que estaba en profunda angustia, me escribió, pidiéndome alguna palabra de aliento. La noche después de haber leído su carta, soñé que estaba en un jardín, y una que parecía ser la dueña del jardín me conducía por sus senderos. Estaba recogiendo las flores y disfrutando de su fragancia, cuando esta hermana, que había estado caminando a mi lado, me llamó la atención sobre unas antiestéticas zarzas que le impedían el paso. Allí estaba lamentándose y afligida. No caminaba por el sendero, siguiendo al guía, sino entre zarzas y espinos. "Oh", se lamentaba, "¿no es una lástima que este hermoso jardín esté estropeado por las espinas?". El guía le dijo: "Deja las espinas, que sólo te harán daño. Recoge las rosas, los lirios y las rosas".

¿No ha habido algunos momentos brillantes en tu experiencia? ¿No has tenido algunas épocas preciosas en las que tu corazón palpitaba de alegría en respuesta al Espíritu de Dios? Cuando miras hacia atrás en los capítulos de tu experiencia de vida, ¿no encuentras algunas páginas agradables? ¿No son las promesas de Dios, como las flores fragantes, que crecen a cada lado de tu camino? ¿No dejarás que su belleza y dulzura llenen tu corazón de alegría?

Las zarzas y los espinos no harán más que herirte y afligirte; y si recoges sólo estas cosas y se las presentas a los demás, ¿no estás, además de menospreciando tú mismo la bondad de Dios, impidiendo que los que te rodean caminen por la senda de la vida?

No es prudente reunir todos los recuerdos desagradables de una vida pasada, -sus iniquidades y decepciones-, hablar de ellos y llorarlos hasta que nos abruma el desaliento. Un alma desanimada se llena de tinieblas, apaga la luz de Dios de su propia alma y ensombrece el camino de los demás.

Gracias a Dios por las brillantes imágenes que nos ha presentado. Agrupemos las benditas seguridades de su amor, para que podamos contemplarlas continuamente: El Hijo de Dios abandonando el trono de su Padre, revistiendo su divinidad de humanidad, para rescatar al hombre del poder de Satanás; su triunfo en nuestro favor, abriendo el cielo a los hombres, revelando a la visión humana la cámara de presencia donde la Deidad desvela su gloria; la raza caída levantada del pozo de ruina en que el pecado la había sumido, y puesta de nuevo en relación con el Dios infinito, y habiendo soportado la prueba divina por la fe en nuestro Redentor, revestida de la justicia de Cristo, y exaltada a su trono: éstas son las imágenes que Dios quiere que contemplemos.

Cuando parece que dudamos del amor de Dios y desconfiamos de sus promesas, lo deshonramos y contristamos a su Espíritu Santo. ¿Cómo se sentiría una madre si sus hijos se quejaran constantemente de ella, como si no los quisiera bien, cuando el esfuerzo de toda su vida ha sido promover sus intereses y darles consuelo? Supongamos que dudaran de su amor; eso le rompería el corazón. ¿Cómo se sentiría cualquier padre al ser tratado así por sus hijos? ¿Y cómo puede considerarnos nuestro Padre celestial cuando desconfiamos de su amor, que le ha llevado a dar a su Hijo unigénito para que tengamos vida? El apóstol escribe: "El que no escatimó ni a su propio Hijo, sino que lo entregó por todos nosotros, ¿cómo no nos dará también con Él todas las cosas gratuitamente?". Romanos 8:32. Y sin embargo, cuántos, por sus acciones, si no de palabra, están diciendo: "El Señor no quiere esto para mí. Tal vez Él ama a otros, pero no me ama a mí".

Todo esto está dañando tu propia alma; porque cada palabra de duda que pronuncias está invitando a las tentaciones de Satanás; está fortaleciendo en ti la tendencia a dudar, y está afligiendo de ti a los ángeles ministradores. Cuando Satanás te tiente, no exhales ni una palabra de duda o de oscuridad. Si decides abrir la puerta a sus sugestiones, tu mente se llenará de desconfianza y de rebeldes cuestionamientos. Si hablas de tus sentimientos, cada duda que expresas no sólo reacciona sobre ti mismo, sino que es una semilla que germinará y dará fruto en la vida de otros, y puede ser imposible contrarrestar la influencia de tus palabras. Usted mismo podrá recuperarse de la estación de la tentación y de la trampa de Satanás, pero otros que se han dejado llevar por su influencia tal vez no puedan escapar de la incredulidad que usted ha sugerido. ¡Qué importante es que hablemos sólo de aquello que nos dará fuerza y vida espiritual!

Los ángeles están escuchando para oír qué clase de informe estás llevando al mundo acerca de tu Maestro celestial. Que tu conversación sea de Aquel que vive para interceder por ti ante el Padre. Cuando tomes la mano de un amigo, que la alabanza a Dios esté en tus labios y en tu corazón. Esto atraerá sus pensamientos a Jesús.

Todos tenemos pruebas; penas difíciles de soportar, tentaciones difíciles de resistir. No cuentes tus penas a los demás mortales, sino llévaselo todo a Dios en la oración. Ten por norma no pronunciar nunca una sola palabra de duda o desaliento. Puedes hacer mucho para alegrar la vida de los demás y fortalecer sus esfuerzos, con palabras de esperanza y santo ánimo.

Hay muchas almas valientes muy presionadas por la tentación, casi a punto de desfallecer en el conflicto consigo mismas y con los poderes del mal. No desanimes a tal alma en su dura lucha. Aliéntalo con palabras valientes y esperanzadoras que lo impulsen en su camino. Así brillará en ti la luz de Cristo. "Ninguno de nosotros vive para sí mismo". Romanos 14:7. Por nuestra influencia inconsciente, otros pueden ser alentados y fortalecidos, o pueden ser desalentados y alejados de Cristo y de la verdad.

Hay muchos que tienen una idea errónea de la vida y el carácter de Cristo. Piensan que estaba desprovisto de calor y sol, que era severo, severo y sin alegría. En muchos casos, toda la experiencia religiosa está teñida por estos puntos de vista sombríos.

A menudo se dice que Jesús lloró, pero que nunca sonrió. Nuestro Salvador era ciertamente un Varón de Dolores, y estaba familiarizado con el dolor, pues abrió Su corazón a todas las aflicciones de los hombres. Pero aunque Su vida fue abnegada y ensombrecida por el dolor y el cuidado, Su espíritu no fue abatido. Su semblante no mostraba una expresión de dolor y queja, sino siempre una de serenidad pacífica. Su corazón era un manantial de vida, y dondequiera que iba llevaba descanso y paz, gozo y alegría.

Nuestro Salvador era profundamente serio e intensamente serio, pero nunca sombrío ni malhumorado. La vida de quienes lo imitan estará llena de serios propósitos; tendrán un profundo sentido de responsabilidad personal. La levedad será reprimida; no habrá algarabía bulliciosa, ni bromas groseras; pero la religión de Jesús da paz como un río. No apaga la luz de la alegría; no refrena la jovialidad ni nubla el rostro soleado y sonriente. Cristo no vino a ser servido, sino a servir; y cuando su amor reine en el corazón, seguiremos su ejemplo.

Si tenemos muy presentes los actos crueles e injustos de los demás, nos resultará imposible amarlos como Cristo nos ha amado; pero si nuestros pensamientos se detienen en el maravilloso amor y piedad de Cristo por nosotros, el mismo espíritu fluirá hacia los demás. Debemos amarnos y respetarnos unos a otros, a pesar de los defectos e imperfecciones que no podemos dejar de ver. Hay que cultivar la humildad y la desconfianza en uno mismo, y una paciente ternura con los defectos de los demás. Esto acabará con todo egoísmo estrecho y nos hará generosos y de gran corazón.

El salmista dice: "Confía en el Señor y haz el bien; así habitarás en la tierra y en verdad serás alimentado". Salmo 37:3. "Confía en el Señor". Cada día tiene sus cargas, sus preocupaciones y perplejidades; y cuando nos reunimos cuán dispuestos estamos a hablar de nuestras dificultades y pruebas. Tantos problemas prestados se entrometen, tantos temores se complacen, tal peso de ansiedad se expresa, que uno podría suponer que no tenemos un Salvador compasivo y amoroso listo para escuchar todas nuestras peticiones y ser para nosotros una ayuda presente en todo tiempo de necesidad.

Algunos están siempre temiendo, y pidiendo prestado problemas. Todos los días están rodeados de las muestras del amor de Dios; todos los días disfrutan de las bondades de su providencia; pero pasan por alto estas bendiciones presentes. Sus mentes están continuamente pensando en algo desagradable que temen que pueda venir; o puede existir realmente alguna dificultad que, aunque pequeña, ciega sus ojos a las muchas cosas que exigen gratitud. Las dificultades con que tropiezan, en vez de conducirlos a Dios, única fuente de su ayuda, los separan de Él porque despiertan inquietud y repugnancia.

¿Hacemos bien en ser así de incrédulos? ¿Por qué hemos de ser ingratos y desconfiados? Jesús es nuestro amigo; todo el cielo está interesado en nuestro bienestar. No debemos permitir que las perplejidades y preocupaciones de la vida diaria inquieten la mente y nublen la frente. Si lo hacemos, siempre tendremos algo que nos moleste. No debemos permitirnos una preocupación que sólo nos inquieta y nos desgasta, pero que no nos ayuda a soportar las pruebas.

Puedes estar perplejo en los negocios; tus perspectivas pueden oscurecerse cada vez más, y puedes estar amenazado de pérdidas; pero no te desanimes; deposita tu preocupación en Dios, y permanece tranquilo y alegre. Ruega por sabiduría para manejar tus asuntos con discreción, y así prevenir pérdidas y desastres. Haz todo lo que puedas de tu parte para obtener resultados favorables. Jesús ha prometido su ayuda, pero no sin nuestro esfuerzo. Cuando, confiando en nuestro Auxiliador, hayas hecho todo lo posible, acepta el resultado con alegría.

No es la voluntad de Dios que Su pueblo sea agobiado con preocupaciones. Pero nuestro Señor no nos engaña. No nos dice: "No temas; no hay peligros en tu camino". Él sabe que hay pruebas y peligros, y nos trata con franqueza. No se propone sacar a Su pueblo de un mundo de pecado y maldad, sino que les señala un refugio que nunca falla. Su oración por Sus discípulos fue: "No ruego que los quites del mundo, sino que los guardes del mal". "En el mundo", dice, "tendréis tribulación; pero confiad, yo he vencido al mundo." Juan 17:15; 16:33.

En Su Sermón de la Montaña, Cristo enseñó a Sus discípulos preciosas lecciones con respecto a la necesidad de confiar en Dios. Estas lecciones fueron diseñadas para animar a los hijos de Dios a través de todas las edades, y han llegado hasta nuestros días llenas de instrucción y consuelo. El Salvador señaló a sus discípulos las aves del cielo mientras canturreaban sus villancicos de alabanza, libres de preocupaciones, porque "no siembran, ni cosechan". Y, sin embargo, el gran Padre provee a sus necesidades. El Salvador pregunta: "¿No sois vosotros mucho mejores que ellos?". Mateo 6:26. El gran Proveedor de hombres y animales abre su mano y provee a todas sus criaturas. Las aves del cielo no están por debajo de Su atención. No deja caer el alimento en sus cuentas, sino que hace provisión para sus necesidades. Deben recoger los granos que Él ha esparcido para ellos. Deben preparar el material para sus pequeños nidos. Deben alimentar a sus crías. Salen cantando a su labor, pues "vuestro Padre celestial las alimenta". Y "¿no sois vosotros mucho mejores que ellas?". ¿No sois vosotros, como adoradores inteligentes y espirituales, de más valor que las aves del cielo? El Autor de nuestro ser, el Preservador de nuestra vida, Aquel que nos formó a Su propia imagen divina, ¿no proveerá a nuestras necesidades si confiamos en Él?

Cristo señaló a sus discípulos las flores del campo, que crecían en rica profusión y resplandecían en la sencilla belleza que el Padre celestial les había dado, como expresión de su amor al hombre. Dijo: "Considerad los lirios del campo, cómo crecen". La belleza y la sencillez de estas flores naturales superan con mucho el esplendor de Salomón. El atuendo más hermoso producido por la habilidad del arte no puede compararse con la gracia natural y la belleza radiante de las flores de la creación de Dios. Jesús pregunta: "Si Dios viste así a la hierba del campo, que hoy es, y mañana se echa en el horno, ¿no os vestirá mucho más a vosotros, hombres de poca fe?". Mateo 6:28, 30. Si Dios, el divino Artista, da a las simples flores que perecen en un día sus delicados y variados colores, ¿cuánto mayor cuidado tendrá de los que han sido creados a Su propia imagen? Esta lección de Cristo es un reproche al pensamiento ansioso, a la perplejidad y a la duda, del corazón infiel.

El Señor quiere que todos sus hijos e hijas sean felices, pacíficos y obedientes. Jesús dice: "Mi paz os doy; yo no os la doy como el mundo la da. No se turbe vuestro corazón, ni tenga miedo". "Estas cosas os he hablado, para que Mi gozo permanezca en vosotros, y vuestro gozo sea cumplido". Juan 14:27; 15:11.

La felicidad que se busca por motivos egoístas, fuera del camino del deber, es desequilibrada, inconstante y transitoria; pasa, y el alma se llena de soledad y tristeza; pero hay gozo y satisfacción en el servicio de Dios; no se deja al cristiano andar por caminos inciertos; no se le abandona a vanas lamentaciones y decepciones. Si no tenemos los placeres de esta vida, podemos seguir gozosos mirando a la vida del más allá.

Pero incluso aquí los cristianos pueden tener la alegría de la comunión con Cristo; pueden tener la luz de su amor, el consuelo perpetuo de su presencia. Cada paso en la vida puede acercarnos más a Jesús, puede darnos una experiencia más profunda de su amor, y puede acercarnos un paso más al bendito hogar de la paz. Entonces no desechemos nuestra confianza, sino tengamos una seguridad firme, más firme que nunca. "Hasta aquí nos ha ayudado Jehová", y nos ayudará hasta el fin. 1 Samuel 7:12. Miremos a los pilares monumentales, recordatorios de lo que el Señor ha hecho para consolarnos y salvarnos de la mano del destructor. Mantengamos frescas en nuestra memoria todas las tiernas misericordias que Dios nos ha mostrado, las lágrimas que ha enjugado, los dolores que ha calmado, las ansiedades eliminadas, los temores disipados, las necesidades suplidas, las bendiciones otorgadas, fortaleciéndonos así para todo lo que tenemos por delante durante el resto de nuestra peregrinación.

No podemos sino esperar nuevas perplejidades en el conflicto venidero, pero podemos mirar tanto a lo pasado como a lo venidero, y decir: "Hasta aquí nos ha ayudado el Señor". "Como tus días, así será tu fortaleza". Deuteronomio 33:25. La prueba no excederá la fuerza que se nos dará para soportarla. Emprendamos, pues, nuestro trabajo allí donde lo encontremos, creyendo que, venga lo que venga, se nos dará la fuerza proporcionada a la prueba.

Y poco a poco las puertas del cielo se abrirán de par en par para admitir a los hijos de Dios, y de los labios del Rey de gloria la bendición caerá sobre sus oídos como la más rica música: "Venid, benditos de mi Padre, heredad el reino preparado para vosotros desde la fundación del mundo." Mateo 25:34.

Entonces los redimidos serán bienvenidos al hogar que Jesús les está preparando. Allí sus compañeros no serán los viles de la tierra, los mentirosos, los idólatras, los impuros y los incrédulos; sino que se asociarán con los que han vencido a Satanás y por la gracia divina han formado caracteres perfectos. Toda tendencia pecaminosa, toda imperfección que los aflige aquí ha sido quitada por la sangre de Cristo, y se les imparte la excelencia y el resplandor de su gloria, que excede con mucho al resplandor del sol. Y la belleza moral, la perfección de su carácter, brilla a través de ellos, en un valor que excede con mucho este esplendor exterior. Están sin falta ante el gran trono blanco, compartiendo la dignidad y los privilegios de los ángeles.

En vista de la gloriosa herencia que puede ser suya, "¿qué dará el hombre a cambio de su alma?". Mateo 16:26. Puede ser pobre, pero posee en sí mismo una riqueza y una dignidad que el mundo jamás podría otorgarle. El alma redimida y purificada del pecado, con todas sus nobles potencias dedicadas al servicio de Dios, es de un valor sobrepujante; y hay gozo en el cielo, en presencia de Dios y de los santos ángeles, por un alma redimida, gozo que se expresa en cantos de santo triunfo.

Libros disponibles en Amazon:

1. Todos los libros de la Serie: El Gran Conflicto en tamaño Grande (A4).
2. Daniel y Revelación Urias Smith en tamaño grande (8,5 * 11).
3. Historia de la Redención en tamaño grande (A4).
4. Los terroristas secretos, Bill Hughes.
5. Cristología en los escritos de Ellen G. White, Ralph Larson.
6. 1888 Reexaminado, Robert Wieland.
7. Introducción al Mensaje de 1888, Robert Wieland.
8. El perfil de la crisis que se avecina (Recopilación de los acontecimientos finales) D. E. Mansell.
9. Preparación para la crisis final Fernando Chaij
10. El camino consagrado a la perfección cristiana, A. T. Jones.
11. Lecciones sobre la fe, Jones & Waggoner.
12. El Mensaje del Tercer Ángel, Jones.
13. El Evangelio en Gálatas, Waggoner.
14. Tocados por nuestros sentimientos, Jean Zurcher.
15. El Verbo se hizo carne, Ralph Larson.

¡¡¡¡¡MUCHOS MÁS EN !!!!!!

RECUERDE QUE TENEMOS UN CATÁLOGO DE LIBROS QUE PUEDE SOLICITAR SI SE PONE EN CONTACTO CON NOSOTROS

EN LA DIRECCIÓN DE CORREO ELECTRÓNICO

*Si desea obtener descuentos, sólo podrá ser en un pedido conjunto mínimo de 25 libros o más, ya sean ejemplares sueltos de diferentes libros o al por mayor. Póngase en contacto con nosotros en nuestra dirección de correo electrónico:

lsdistribution07@gmail.com

www.ingramcontent.com/pod-product-compliance
Lightning Source LLC
Chambersburg PA
CBHW050438010526
44118CB00013B/1589